고비는 예뻤다

그저 행복한
설렘의 시간,
몽골 90일

그저 행복한 설렘의 시간, 몽골 90일

고비는 예뻤다

초판 1쇄 발행 2024년 6월 17일

글 안정훈
펴낸이 최향금
펴낸곳 에이블북

주소 서울시 노원구 동일로198길 74, 3층 301-A호
전화 02-6061-0124
팩스 02-6003-0025
메일 library100@naver.com

ISBN 979-11-978512-6-1 (03910)

고비는
예뻤다

그저 행복한
설렘의 시간,
몽골 90일

안정훈 지음

ABLE
BOOK

일상탈출을 꿈꾸는 이들을 위한
에너지 충전소

다람쥐 쳇바퀴 돌듯 바쁘게 사는 현대인들은 답답한 일상에서 탈출하고 싶은 꿈을 가슴에 품고 산다. 자연 속에서 힘을 얻고 싶어한다. 날것 그대로의 산과 초원과 호수 그리고 감미로운 구름과 바람과 별과 야생화를 그리워한다. 낯설고 생소하고 한가한 풍경 속에 빠지고 싶어 한다. 직접 몸으로 도전과 모험을 감행하고 싶어 한다. 이런 조건을 모두 갖춘 곳이 몽골이다.

몽골은 보이지 않는 속박을 풀어내는 묘한 매력이 있다.

"여행을 떠날 각오가 되어 있는 사람만이 자신을 묶고 있는 속박에서 벗어날 수 있다."

- 헤르만 헤세

"몽골을 한 번도 가지 않은 사람은 있어도 한 번만 가는 사람은 없다." 몽골은 그만큼 매력적인 땅이다. 용기 있는 자만이 갈 수 있는 청춘의 땅이다. 하지만 청춘이 아니래도 괜찮다. 나이 불문하고 설렘과 호기심 그리고 도전해볼 마음이 있다면 몽골로 떠날 자격이 있다.

그곳에 가면 지평선과 무지개를 볼 수 있다. 초원에는 양 떼가 평화롭게 풀을 뜯고 있다. 낮이면 하얀 뭉게구름이 미소를 짓고, 밤이 되면 은하수가 하늘 가득 펼쳐진다. 게르에서는 장작 연기가 모락모락 피어오른다. 말을 타고 초원과 능선과 숲길과 개천을 달린다. 낙타를 타고 사막을 건너며 샹그릴라의 신기루를 본다. 우직하고 순진하게 생긴 몽골리안들의 해맑은 미소에 편안함을 느낀다.

울란바토르 칭기즈칸 공항에 내려서 시내로 들어갈 때 맨 처음 마주치는 거칠면서도 막힘없는 차창 밖 풍경은 막힌 숨통을 툭 트이게 만든다. 왠지 모를 안도와 해방감과 자유가 느껴진다.

대개 몽골은 거칠고 메마른 땅이라고 생각한다. 가보면 생각했던 것과 많이 다르다. 몽골에는 3,800개의 강이 흐른다. 7천만 마리의 가축을 풀어놓아도 넉넉한 초지가 펼쳐져 있다. 큰 호수들이 있다. 땅속에는 금, 철, 석탄 등의 지하자원이 엄청나게 묻혀 있다. 몽골은 발전할 수 있는 잠재력을 갖추고 있는 나라다.

몽골인들은 한국을 부러워한다. 한국을 배우고 닮고 싶어 한다. 관광객이 크게 늘고 있다. 머지않아 몽골몽골하고 순수하고 여유로운 모습은 흐려지고 말 것이다.

몽골은 한 살이라도 젊을 때 가야 한다. 조금이라도 건강할 때 가야 한다. 더 오염되기 전에 가야 한다. 환상을 버리고 가야 한다.

힘들다는 걸 알고 가야 한다. 비슷한 거리의 동남아 국가에 비해 항공권 가격이 비싸다는 걸 알아야 한다. 여름 한철 관광객들이 몰리기 때문에 모든 물가가 올라간다는 걸 알고 가야 한다. 개인 여행보다는 팀을 짜서 가는 게 훨씬 가성비가 좋다는 걸 알고 가야 한다.

그렇다고 해도 자유로운 영혼으로 떠나는 여행에 디테일한 계획이나 준비는 어울리지 않는다. 무거운 짐이나 세세한 일정표 따위는 필요 없다. 꼭 알아야 할 핵심 정보만 알고 가면 몽골을 제대로 누릴 수 있다. 하지만 무턱대고 떠나면 불안할 것이다.

여행 비자 만기 3개월을 꽉 채워 몽골에 살면서 여행 명소는 모두 다녀왔다. 이 책에서는 나의 여행 경험담은 많이 줄였다. 대신 꼭 가봐야 할 대표적인 핫스팟과 여행 코스, 루트 등을 자세히 소개했다. 특히 알고 가면 몽골을 100배 즐길 수 있는 꿀팁을 간결하게 정리해서 실었으니 몽골 여행을 계획하고 있다면 꼭 참고하기 바란다.

아는 것만큼 보인다. 보이는 것만큼 느낀다. 느끼는 것만큼 만족한다. 이 책을 읽고 가면 남들이 보지 못하고 알지 못하고 느끼지 못하고 지나치는 것들을 제대로 이해하고 공감하게 될 것이다.

두 손은 청바지에 내리꽂고 가더라도 이 책 한 권은 꼭 배낭 속에 꽂아넣고 떠나기 바란다. 지도가 되고 나침반이 되어줄 것이다.

"청춘은 여행이다. 찢어진 청바지 주머니 속에 두 손을 내리꽂은 채 그저 길을 떠나도 좋은 것이다."

- 체 게바라

돌아올 땐 생기와 의욕이 소생하고 젊어지고 변화된 자아와 함께하게 될 것이다. 돌아와서 현실이 아무리 힘들어도 몽골을 떠올리면 행복해진다. 다시 가고 싶어질 것이다.

"여행은 정신을 젊어지게 하는 샘이다."

- 안데르센

한국과 가장 가까운 거친 미개척지, 어드벤처의 땅, 에너지 충전소, 갬성 폭발하는 몽골로 떠나보자.
몽고 까이껏!!

CONTENTS

PART 1 핵심만 골라 담은 몽골 여행 Summary

1. 몽골몽골한 몽골 100배 즐기기 꿀정보

2. 한눈에 살펴보는 여행 코스

PART 2   자세히 들여다본 몽골 Hot Place

1. 시간이 짧은 여행자를 위한 몽골 맛보기 코스

PART 3 느릿느릿 쉬엄쉬엄, 90일간의 Largo 여행

PART 1

—

핵심만 골라 담은
몽골 여행 Summary

1 몽골몽골한
몽골 100배 즐기기 꿀정보

여행 계획 세울 때
놓쳐서는 안 될 8가지

몽골은 여행할 때 고생은 많이 하지만 다녀오면 또 가고 싶어지는 묘한 매력이 있는 곳이다. 석 달간 살면서 여기저기 다녀보니 여행 일정표 세우는 것보다 더 중요한 게 있음을 알게 되었다.

1. 5월부터 9월까지가 여행 시즌이다. 겨울은 영하 40도까지 내려간다. 눈도 많이 오고 길도 위험하다. 안전이 최우선이다. 나담축제가 열리는 7월은 극성수기다. 30도 이상 올라가는 가장 더운 달이지만 건조해서 그늘에만 들어가면 시원하다.

2. 주야간 기온 차가 매우 심하다. 여름 시즌에도 얇은 겉옷을 준비해야 한다. 패딩이나 침낭 등 보온용품을 챙기면 유용하다.

3. 국제운전면허증은 무용지물이다. 우리나라 국제운전면허증은 제네바협약 가입국에만 해당된다. 몽골은 비엔나협약 가입국이다. 렌트를 하려면 현지인 운전기사를 동반해야 한다.

○ 어기노르 호수 가는 길

4. 여행지 이동 거리가 멀고, 도로 사정이 안 좋은 오프로드가 많다. 체력이 뒷받침되어야 한다. 하루라도 젊을 때 가자.

5. 도시를 벗어나면 화장실, 샤워 시설, 전기 사용이 불편하다.

6. 자유여행을 하기에 대단히 불편하다. 6명 이하로 팀을 꾸리거나 패키지를 이용하자.

7. 특히 몽골은 어떤 여행사와 가이드를 만나느냐 그리고 맘에 맞는 동행자 여부가 여행의 만족도를 좌우한다.

8. 원하는 게 뭔지 확실히 해야 한다. 예를 들어 로망이 말타기라면 테를지, 별 보기와 붉은 노을이라면 고비사막이 좋다.

몽골 여행은
패키지가 짱이다?

나 홀로 여행은 힘들다

몽골은 대중교통이 제대로 갖춰져 있지 않다. 여행 핫포인트는 테를지 빼고는 모두 울란바토르에서 멀다. 보통 700~1,000km 정도 떨어져 있다. 개인이 자유여행을 하려면 인프라 부족으로 고생은 고생대로 하고 비용이 많이 든다.

여행을 하려면 차를 렌트할 수밖에 없다. 한 사람이 빌리거나 여러 사람이 빌리거나 비용은 똑같다. 여행사 패키지를 이용하거나 팀을 만들어 뭉쳐서 가는 게 가성비가 높다. 차량은 주로 푸르공이나 밴을 이용하는데, 정원이 8명이므로 운전기사와 가이드를 제외하면 최대 6명까지 한 팀이 가능하다. 6명이서 렌트비와 운전기사, 가이드 비용을 1/n로 내므로 적게 탈수록 손해다. 다만 짐 싣는 걸 고려하면 4~5명이 가는 게 돈은 좀 더 들지만 쾌적하다. 인원이 더 많은 경우에는 대형 밴이나 버스를 이용하면 된다.

동행을 구하자

팀을 만들기 힘들면 패키지 상품 중 잘 골라서 가는 게 가장 쉽고 편한 방법이다. 특히 자유여행에 익숙하지 않거나 나이가 많다면 여행사 패키지 상품이 좋다. 몽골 여행은 장거리 여행이므로 생각보다 체력 소모가 크다.

최근 몽골을 찾는 사람이 늘어나면서 대형 여행사부터 소형 여행사까지 다들 앞다투어 몽골 여행 상품을 내놓고 있다. 특히 성수기에는 다양한 상품이 나온다. 하지만 내용을 들여다보면 크게 다르지 않다. 꼼꼼히 살펴보고 내가 가고 싶은 곳과 일정에 맞는 상품을 선택하면 된다.

자유여행을 많이 해봤거나 젊은 사람들은 몽골 관련 카페에서 동행을 구하고 현지 여행사를 선택해 여행을 하기도 한다. '러브몽골'이란 카페가 대표적이다. 다양한 여행 정보와 동행을 구할 수 있다. 몽골 여행 설명회, 제휴 여행사 코너 등도 잘되어 있다. 카페에 들어가 보면 '몽골 동행 구함', '인생샷 동행 구함', '은하수 사진 동행 구함' 등의 글이 많다. 성향에 맞는 사람과 함께 가는 게 무엇보다 중요하다. 친한 친구끼리도 출국은 같이 하는데 입국은 따로 하는 경우가 생기는 게 여행이다.

현지 여행사도 Good!

몽골 현지에도 다양한 여행사가 영업 중이다. 한국인이 하는 곳도 있고, 몽골인이 운영하는 곳도 많다. 울란바토르는 샹그릴라 호텔과 수흐바타르 광장 근처가 중심부다. 이곳에 가면 현지 여행사와 게스트하우스 등을 손쉽게 찾을 수 있다.

한국인이 하는 여행사 중에는 '몽골 낭만 투어'가 대표적이다. 아메리칸 호텔에서 운영하는 여행사도 믿을 만하다. 자체 게르 캠프를 운영한다. 몽골인이 운영하는 여행사로는 '쥴친(Juulchin)'이 가장 오래됐고 규모도 크다. 또한 '조이 몽골리아 여행사(Joy Mongolia Travel)'도 유명하다. 그 밖에 작은 여행사들도 많은데 주로 SNS를 통해 모객을 한다. 다들 한국 담당 매니저가 있어 한국어는 당연히 잘 통하기 때문에 소통에 문제가 없다.

인터넷으로 검색해서 예약한 뒤 카카오톡이나 메일로 확인하면 된다. 현지 여행사와 예약 시 반드시 다음 내용을 체크해야 한다.

- 일정
- 루트
- 인원
- 견적 비용
- 숙소 컨디션
- 차량 종류(푸르공, 밴, SUV 등)
- 한국어 가이드 여부
- 식사 메뉴
- 예상 추가 비용

게르에서 적어도
하룻밤은 자야지

낭만적이지만…

몽골 하면 흔히 게르, 은하수, 사막, 초원, 말, 낙타 등을 떠올린다. 그래서 몽골에 가면 다들 현지인들의 천막형 숙소인 게르 체험을 한다. 보통은 4~6인용이지만 이보다 작은 게르도 있다. 사진으로 보면 너무나 낭만적이지만 하룻밤 자보면 금세 알게 된다. '으음… 하룻밤이면 충분하군!'

아파트 생활에 익숙한 한국인이 참기 힘든 불편한 점들이 있다. 특히 전통 게르는 화장실이 야외에 멀리 떨어져 있어서 한밤중에 가야 할 경우에는 난감해진다. 이때는 생각의 전환이 필요하다. 화장실에 오가면서, 쏟아질 듯 총총 박힌 별들을 감상할 수 있는 즐거운 시간이라 생각하자.

문을 닫으면 거의 밀폐가 된다는 것도 단점이다. 몽골은 일교차가 심해 여름에도 밤에 장작을 때는데 불을 붙일 때 연기가 잘 안

○ 엘승타사르하이에서 묵은 게르 내부

빠져나간다. 특히 기관지가 안 좋은 사람은 주의해야 한다. 목과 눈이 따갑다. 그리고 불을 붙이고 세 시간 정도 지나면 불이 꺼진다. 자다가 새로 장작을 넣어주지 않으면 갑자기 추워진다. 감기에 걸리기 십상이다. 실제로 여행 중에 많은 사람들이 기침감기, 목감기, 콧물감기에 걸려서 고생한다. 게르에 묵으면서 불을 관리해보니 옛날 군대에서 페치카 당번하던 추억이 떠올랐다. 간혹 게르 관리인이 불을 관리해주는 곳도 있다.

게르 예약은 최소 한 달 전에

코로나 이후 몽골을 찾는 한국인이 늘고 있는 추세다. 특히 고비사막을 찾는 여행객이 많아졌다. 고비사막은 멀고 험해서 원래 잘

가지 않는 곳이었다. 한국의 한 사진작가가 고비사막에서 찍은 별 사진이 각광받으면서 여행객이 급증한 것이다.

아직은 수요를 감당할 수가 없어 숙소나 편의시설이 부족하다. 특히 고비사막은 인프라가 다른 곳보다 훨씬 더 부족하다는 것을 알고 가면 불편함을 어느 정도 감수할 수 있다. 어기노르 호수, 쳉헤르 온천, 흡스굴 호수는 현지인들도 즐겨 찾는 곳이므로 다양한 형태의 게르가 많아서 사정이 나은 편이다.

울란바토르와 가까운 테를지의 경우 게르가 많긴 하지만 워낙 많은 관광객이 찾으므로 최소 한 달 전에는 예약해야 한다. 게르 예약은 직접 하기보다는 현지 여행사에 의뢰하거나 도움을 받는 게 아무래도 편하다. 성수기에는 자리가 없다. 조기 예약은 필수다. 중국인 관광객들은 인원수가 많기 때문에 그들과 겹치면 숙박 불가다. 가끔은 중복 예약도 생긴다. 무조건 미리 먼저 가야 한다.

게르 신축 공사들이 곳곳에서 한창 진행 중이고 지하수도 개발 중이라서 곧 나아질 것으로 보이긴 한다.

민가에서 게르를 몇 채 지어서 민박 형태로 운영하는 곳도 생겨났다. 온라인에서는 민박형 게르 정보를 찾을 수 없다. 가이드에게 얘기하면 알음알음으로 찾아서 간다. 이용해보니 현지인의 삶을 체험해볼 수 있어 색다르고 재미있었다.

최근 수세식 화장실에, 바닥 전기 난방, 주방까지 있는 시설 좋은 게르를 설치하는 업체들이 많아졌다. 이런 게르는 편하지만 몽골 분위기를 제대로 체험하기엔 아쉽다.

푸르공 타고
인생샷?

인생샷보다 내 허리가 소중하다면

몽골에 여행 오면 다들 푸르공을 타야 한다고 생각한다. 동글동글 귀엽게 생긴 8인승 승합차인데, 몽골을 다녀온 사람들의 SNS에는 푸르공이 빠짐없이 등장한다. 모양도 특이하지만 빈티지하면서 색상이 예뻐서 푸르공 지붕 위에 올라가 초원이나 밤하늘의 별을 배경으로 사진을 찍으면 인생샷이 나온다.

원래는 러시아에서 군용으로 만들어진 단순하면서 튼튼하고 경제적인 차량이다. 험지에서도 고장 없이 잘 달린다. 고장이 나도 수리하기 편리해서 몽골인이 애용한다. 문제는 쿠션이나 냉방이 꽝이고(대부분 에어컨이 없다) 공간이 비좁다는 점이다. 노 쇼바, 노 컴포터블이다. 게다가 몽골에서 운행되는 푸르공은 신형이 아니라 대부분 20~30년 이상 된 낡은 차량들이다.

몽골 여행지는 대개 수백 킬로미터 비포장도로를 달려야 한다.

○인생샷을 만들어주는 매력적인 푸르공

20대들도 며칠 타보면 힘들다는 소리가 절로 나온다. 특히 허리가 약한 사람, 무릎이 안 좋은 사람에겐 고행길이다. 나이 든 여행자라면 푸르공은 청춘들에게 양보하시라. 무조건 쿠션이 좋은 사륜구동 SUV를 추천한다. 인생샷도 중요하지만 내 몸이 더 중요하다.

그렇다고 아쉬워할 필요는 없다. 좀 가까운 거리를 갈 때 한 번쯤 이용해보는 것은 괜찮을 듯하다. 내 몸이 이마저도 허락하지 않는다면 관광지 주차장을 활용하자. 주차장마다 푸르공이 널려 있다. 사진 찍는 건 무려 공짜다!

우측 통행? 좌측 통행? 둘 다 OK?

몽골에서 차량은 우측 통행이다. 당연히 좌측 운전석이어야 한

○ 쳉헤르 온천 갈 때 이용한 르노 밴

다. 그런데 운전석이 오른쪽에 있는 차량이 많다. 무려 60% 정도나 된다. 몽골은 중고차 전시장이다. 예전에는 한국 중고차가 주로 수입되어서 좌측 운전석 차량이 많았다. 최근에는 일본 중고차가 압도적으로 많아져서 우측 운전석 차량이 더 늘었다.

여행자 입장에서는 엄청 헷갈리지만 몽골 사람들은 잘도 타고 다닌다. 불편하지 않냐고 물었더니 가격 싸고 잘만 굴러가면 되지 운전석 방향이 무슨 상관이냐고 되물었다.

몽골에서는 대체로 운전자나 보행자나 교통 법규를 지키지 않아 사고율이 높다. 무단횡단, 난폭운전 등이 일반적이다. 교통사고를 조심해야 한다. 몽골 사람들은 술을 많이 마시는데 음주 운전 단속을 강하게 하지 않아서 사고가 많이 난다는 얘기도 있다.

○ 어기노르 호수 가는 길. 비포장도로가 끝없이 펼쳐져 있다.

황무지 길로 돌아가시오!

몽골의 도로 사정은 상당히 열악하다. 겨울에는 영하 40도까지 내려갔다가 봄이 되면 풀린다. 얼었다가 녹은 길은 엉망진창이 되고 만다. 하지만 도로 보수가 제대로 이루어지지 않아서 웅덩이길, 빨래판길, 진창길, 너덜길이 많다.

심한 경우에는 수킬로미터 구간을 막아놓고 황무지 길로 우회하게 하는 도로도 있다. 겨울철에는 울란바토르 시내를 제외한 몽골 전역의 도로가 완전 무용지물이 되고 만다.

택시 타기 전에 잔돈부터 준비

울란바토르에서는 택시를 이용할 때 콜택시를 부르거나 손을 흔들어 지나가는 택시를 잡아야 한다. 그런데 손을 흔들면 일반 자동차가 멈춰 서기도 한다. 택시가 부족해 택시 면허가 없는 일반인도 자가용 영업이 가능하다. 자가용 영업 차량은 토요타 프리우스가 많으며, 마티즈도 있다. 심야에는 혼자서 타지 않는 게 좋다.

택시를 이용하는 가장 좋은 방법은 택시 앱으로 부르는 것이다. 카카오택시와 비슷하다. UBCab 앱을 깔고 목적지를 입력하면 운전기사가 대기 장소로 찾아와서 목적지까지 태워다 준다. 택시가 배달 서비스도 함께한다. 한국어 서비스가 되지 않는 단점이 있다.

앱에는 거리와 요금이 표시된다. 정체 및 대기 요금도 표시되는데, 12km 이상, 30km 이상 넘어가면 할증이 붙는다. 그런데 택시에 미터기가 없다. 요금은 운전기사 앱에 표시되어 있다. 요금을 낼 때 대부분의 기사는 잔돈이 없다는 핑계를 댄다. 잔돈을 미리 준비하든가 얼마 안 되면 팁이라 생각하는 게 마음 편하다. 울란바토르 시내에서는 대개 10,000투그릭(약 4,000원) 미만의 요금이 나온다.

지방은 대중교통이 제대로 갖춰 있지 않아 택시를 타게 되는데, 무조건 가격을 흥정해야 한다. 이때 흥정의 기술이 필요하다. 일단 휴대폰 번역기는 필수다. 인터넷으로 같은 장소를 다녀온 사람들의 정보를 검색해 대충 요금을 정한 다음, 운전기사에게 요금을 물어보고 최저가를 제시한 뒤 중간 가격쯤에서 타협한다. 투그릭으로 계산하므로 환율 때문에 헷갈리지 않게 신경써야 한다. 택시가 여러 대 있다면 서너 번 묻고 나서 결정한다.

별 보기 좋은
최고의 스팟은 여기

테를지 국립공원

드넓게 펼쳐진 초원만큼 무한대처럼 펼쳐진 밤하늘을 만날 수 있다. 단, 밝은 불빛이 새어나오는 숙소 근처에서 멀어질수록 반짝이는 별들은 더 잘 볼 수 있다. 테를지에서 2박 3일 정도는 머물러야 가능하다. 별보기는 날씨가 관건이다. 날이 흐릴 수도 있으니 이틀쯤 잡는 게 좋다.

고비사막

'세계 3대 사막', '아시아 최고의 별 관측지'라는 타이틀을 가지고 있는 고비사막 중에서도 메인 스팟인 홍고린엘스는 가장 손꼽히는 별 보기 명소다. 고비사막은 아시아 최대 사막이고 홍고린엘스는 몽골 지역에 있는 고비사막의 일부다. 오로지 별이 목적이라면 단연코 고비사막이 최고의 명소다. 별 관측과 함께 일몰에 맞춰 정상에 올라가서 보는 붉게 물든 석양도 절경이다. 오고 가는 길에 차강소브라가, 욜린암, 바양작 등 명소가 많아 5박 6일 이상을 잡는 게 좋다. 참고로 세계 3대 사막은 사하라사막(아프리카 이집트), 아타카마사막(남미 칠레), 고비사막(중국, 몽골, 중앙아시아 지역)이다.

쳉헤르 온천

노천 온천에서 맥주 한 캔을 마시며 밤하늘을 즐길 수 있는 편하고 낭만적인 스팟이다. 오고 가면서 목가적인 풍경을 즐기려면 4박 5일 정도 잡아야 한다.

흡스굴

휴식과 힐링을 즐길 수 있는 호수 휴양지다. 흡스굴의 밤 풍경은 낮하고는 완전히 다르다. 밤이 되면 하늘과 호수의 경계가 없어지고 온 세상이 반짝이는 착각 속에 빠지게 된다. 오고 가는 길이 멀기 때문에 평화로운 풍경을 충분히 즐기려면 5박 6일 이상으로 좀 넉넉하게 일정을 잡아야 한다.

별 사진 잘 찍으려면

몽골에 가는 사람은 다들 은하수 인생 사진을 건지고 싶어 한다.

그러나 실제로 맘에 꼭 드는 별 사진을 찍는 사람은 많지 않다. 우선 그믐밤이어야 하고, 날씨가 맑아야 하고, 주변에 불빛이 없어야 하고, 한밤중에 깨어서 나가야 하고, 촬영 장비를 제대로 준비해야 하고, 요령을 숙지해야 하는 등 요구 조건이 너무 많다. 무엇보다도 날씨운이 따라줘야 한다.

원한다고 다 이룰 수는 없다. 행운과 준비와 노력이 필요하다. 별 사진을 못 찍어도 실망할 필요가 없다. 다음에 또 가야 할 이유 하나가 생겼다고 생각하고 즐기는 게 현명하다.

별 잘 보이는 날

별이 잘 보이는 날은 달이 없는 날, 즉 그믐밤이다. 여행 계획을 세울 때 몽골 달 위상 달력(달달력)을 확인하면 별 보기 좋은 날이 언제인지를 정확하게 알 수 있다. 달 없는 주간을 잘 맞추어가면 인생 별 사진을 찍을 수 있다. 달빛이 적을수록 별이 잘 보이기 때문이다. 구글에 '달의 위상(Phases of the Moon)' 앱이 있으니 참고하면 도움이 된다.

별 보기 좋은 시간대

별은 밤이 깊어질수록 더욱 많아지고 잘 보인다. 하이라이트 타임은 보통 새벽 2시에서 4시 사이이다.

휴대폰으로 별 사진 찍기

준비 없이 그냥 야간 모드로 찍으면 제대로 된 사진을 찍을 수 없다. 우선 별자리 앱 '스텔라리움(Stellarium)'을 설치하자. 별자리 이름을 몰라도 휴대폰을 하늘에 갖다 대기만 해도 별자리를 쉽게 찾을 수 있어 별 박사가 될 수 있다. 삼각대를 준비하고, 휴대폰 카메라 모드를 프로 모드로 바꾼 뒤 ISO 800~1200(숫자가 커질수록 사진이 밝게 나옴), 셔터 스피드 15~30초(스피드가 길어질수록 빛이 많이 들어와 별이 많이 담긴다. 대신 화면이 밝다. 나중에 밝기 보정을 하면 됨)로 맞춘 다음 잘 찍어보자.

다만 큰 기대는 하지 말자. 별이 쏟아질 듯 총총 박힌 멋진 은하수 사진은 사실 휴대폰으론 찍기 어렵다. 나 또한 별 사진을 찍기 위해 한밤중에 추위에 떨며 수차례 시도했지만 인생 사진을 건지지는 못했다. 인생 사진을 원한다면 카메라가 필수다.

○ 나름 최선을 다해 찍은 밤하늘. 오른쪽 사진은 가이드 아무라의 작품. 둘 다 휴대폰으로 찍은 사진이다.

몽골이야?
한국이야?

뜨거운 한류의 힘

한국 드라마와 K-POP의 열기가 뜨겁다. 몽골 사람들은 한국에 우호적이고 동경심이 많다. 한국을 많은 돈을 벌 수 있는 기회의 땅이라고 생각하며 코리안 드림을 꾸기도 한다. 그래서인지 울란바토르의 보도블록이나 점자 표식, 자전거 도로, 신축 아파트 등은 한국과 빼박이다.

거리를 걷다 보면 LG25, CU, 뚜레쥬르, 탐앤탐스, 카페베네, 커피빈이 즐비하고 한국 식당, 한국 중고 의류점, 한국 담배 판매점 등이 많아 여기가 한국인지 몽골인지 헷갈릴 정도다. 이마트도 네 군데나 있다. 카페에서 파는 음료수의 메뉴나 맛도 한국과 비슷하다.

참고로 LG25, CU가 800개 정도다. 매장 진열 방식이나 판매 제품은 한국과 동일하다고 보면 된다. 햇반, 라면, 삼각김밥, 모닝샌드위치, 구운 계란, 초코파이, 바나나칩 등등 다 있다. 다만 몽골은 편

○ 다양한 한국 관련 점포들

의점 매장이 넓다는 게 차이점이다. 테이블과 의자가 실내와 실외에 비치돼 있어서 카페나 식당처럼 편하게 앉아서 먹고 마실 수 있다. 화장실도 구비되어 있다.

먹거리 걱정일랑 접어두자

울란바토르 시내에는 한식당이 300개가 넘는다. 한국 사람이 운영하는 한식당보다 몽골인이 운영하는 곳이 두 배 정도 많다. 가격은 한국보다 약간 싸다. 한국인이 운영하는 식당의 맛은 한국과 비슷하다. 현지인이 하는 한식당은 가격은 같지만 맛은 비슷하거나 조금 떨어진다. 특히 반찬에서 차이가 난다.

　한 가지 알고 가야 할 게 있다. 혼자서 자유여행으로 갔다면 식사 시간대에는 유명 한식집은 가지 않는 게 좋다. 단체 손님 예약으로 테이블을 미리 세팅해놓기 때문에 개인 손님은 받지 않거나 서비스가 소홀해질 수밖에 없다. 혼자 한식당 가서 밥 먹기 힘들고 불편한 건 몽골뿐 아니라 패키지 손님이 많은 동남아 관광지도 마찬가지다. 메뉴는 김치찌개, 된장찌개, 갈비탕, 비빔밥, 순대국밥, 짜장면, 짬뽕 등이고, 가격은 대체로 7천~9천 원 정도다. 몽골에서는 삼겹살의 인기가 대단하다. 한국에 비해 저렴할 뿐만 아니라 고기 맛도 좋다. 1인분에 1만 원 정도면 채소가 곁들여진 푸짐한 상이 차려진다. 한국 소주는 6천 원 이상이다. 편의점에서는 4천 원 정도다.

　패키지를 이용하면 식사 시간마다 한식당으로 간다. 현지인 여행사를 이용해도 밥, 라면, 김치는 기본이다. 장거리 이동할 때도 식당에서 도시락을 구입해서 중간에 식사를 제공한다. 몽골에 채소가 귀하긴 하지만 식당에서는 채소가 잘 나오니 걱정할 필요가 없다.

○ 게르에서 먹은 아메리칸 스타일 조식과 한국식 석식

몽골 사람들은
뭐 먹을까?

흔히 먹는 음식

몽골의 토속음식은 부재료를 첨가하지 않은 고기 요리가 대부분이다. 가장 많이 먹는 대표적인 음식은 양고기를 속에 넣은 만두인 부즈(Buuz)다. 물에 끓여 만든 반쉬도 많이 먹는다.

튀김 만두인 후슈르(Khuushuur)도 있다. 후슈르는 고기와 양파를 잘게 썰어서 간을 한 속을 밀가루로 만든 피에 싸서 튀기는데 부즈만큼이나 대중화된 간이 음식이다.

쌀 음식이 있기는 하지만 극히 드물다. 주식이 만두인 셈이다.

샤브샤브

흔히 몽골 사람들은 일상에서 칭기즈칸 요리라 불리는 샤브샤브를 먹는 줄로 알고 있다. 기마 민족의 후예인 몽골인들은 요리에 손

○ 샤브샤브, 허르헉, 후슈르, 수태차, 꼬치구이

이 많이 가고 시간이 많이 걸리는 음식은 극혐한다. 만두면 땡이다. 몽골에 가서 샤브샤브를 먹고 싶다면 울란바토르에 있는 비싼 샤브샤브 전문점을 예약해서 가야만 맛볼 수 있다.

허르헉

커다란 찜통의 바닥에 차돌을 깔고 양고기를 큰 덩이로 뼈째 썰어 넣고, 감자와 당근 등을 함께 넣어 약간의 간을 해서 오랫동안 쪄서 만든 찜요리다. 김이 안 나가도록 뚜껑을 닫고 장작을 때서 돌의 열기로 익힌다. 그럼 양고기 특유의 냄새가 없어지고 고기가 연해진다. 외국인들의 입맛에도 잘 맞는다. 살아 있는 양을 잡아 직접 다듬고 장작불에 오랜 시간 요리해야 하기 때문에 준비하는 데 거의 하루가 걸린다. 미리 주문하지 않으면 먹어보기 힘든 음식이다.

요리하는 사람의 실력에 따라서 냄새와 맛이 크게 달라지는 문제가 있다. 하지만 고추장, 김치, 상추, 쌈장, 고추, 마늘 등을 곁들이면 대부분 맛있게 먹을 수 있다.

수태차

몽골인들의 게르를 방문하면 빠지지 않고 우유와 홍차를 섞은 수태차를 내온다. 비교적 한국인 입맛에 맞다. 요즘은 티백으로 만든 수태차도 있다. 한국인들이 몽골 우유나 마태주를 마시면 설사하는 경우가 많다. 물갈이 증세와 비슷하므로 피해야 하지만 수태차는 마시기에 좋고 탈도 없다.

유제품

몽골에서는 양, 염소, 말, 소, 야크, 낙타 등 모든 가축의 젖으로 다양한 유제품을 만든다. 몽골 사람들이 흔히 먹는 타락은 몽골식 요구르트다. 타락을 단단하게 말려 차에 곁들이는 과자처럼 만든 '아롤'이라는 간식도 자주 먹는다. 그리고 고깃덩어리처럼 커다란 노란색 치즈를 비롯해 치즈 종류도 많다.

아이락 (Airag, 마유주)

말젖을 가죽 자루에 담아 발효시켜 만든 몽골 전통술이다. 하얀색으로 우리나라 막걸리와 비슷하지만 시큼한 냄새가 난다. 알코올 도수는 발효 기간에 따라 1도 남짓으로 거의 도수가 없다. 호기심에서 마시는 사람도 있는데 설사를 조심해야 한다. 보통 여름에 만드는데 여름 아이락이 제맛이라고 한다.

상품으로 만들어진 것도 있지만 대부분 농가에서 빚어 마시거나 길거리에서 판매한다. 몽골인

○ 커다란 치즈와 아이락

운전기사가 싸고 맛있다고 5통이나 샀다 5박 6일 동안 냉장을 제대로 하지 않은 채 차에 싣고 다녔더니, 아낀다고 마시지 않은 아이락은 상해서 버렸다.

아이락은 포브스가 혐오 음식 1위로 꼽았었다. 하지만 몽골인들은 단백질, 탄수화물, 비타민 등을 보충해주고 변비에도 좋을 뿐만 아니라 고혈압, 당뇨, 심장병 등 각종 질병 치료에 효과가 있다고 강변한다. 다른 원료를 섞지 않고 오직 말젖만 사용하기 때문에 웰빙 건강 음료라고 할 수 있다. 몽골인 국민 음료다. 우리나라 청국장이나 된장이 연상된다.

보드카

몽골인들은 보드카를 좋아한다. 러시아산과 몽골산이 있는데 서민들은 몽골산 보드카인 '아르히'를 많이 마신다. 아르히는 말젖으로 만든 것과 곡물로 만든 게 있다. 알코올 도수가 38도나 된다.

1천 원 이하의 싸구려 아르히는 절대 마시면 안 된다. 위와 간과 뇌에 결정적인 손상을 입힌다. 도시에 나이보다 폭삭 늙어 보이는 사람들이 많은 건 싸구려 아르히가 한몫한다. 유명 브랜드로는 칭기즈칸(골드, 화이트, 그랜드칸)이 으뜸이다. 목 넘김과 향, 숙취 등을 고려할 때 칭기즈칸 골드를 쳐준다. 가격도 2만 원 미만으로 비싸지 않아서 선물용으로 많이 구입한다.

술맛을 아는 진짜 애주가들은 '소욤드'를 최고로 꼽는다. 가격은 칭기즈칸보다 1만 원 이상 비싼 편이다. 가장 많이 마시는 보드카는

'에덴'이다. 가성비 좋고 부드럽고 목 넘김이 깔끔하고 뒤끝이 없다고 소문이 나 있다. 〈나 혼자 산다〉에 나온 술이 바로 에덴이었다. 그 밖에 '에복'과 '타이가'가 검증된 술이라고 할 수 있다.

맥주

골든 고비맥주(5.1도)가 가장 유명하다. 진한 맛으로 호프의 느낌이 강하다. 한국에도 수입되어서 팩으로 팔리고 있다. 몽골의 사막과 초원, 하늘이 그리운 사람들의 갈증을 풀어주기에 딱이다. 그 밖에도 다양한 맥주가 있다.

- 칭기스(4도) : 가장 인기 있는 브랜드다. 중국의 지배를 받는 내몽골에서 '칭기즈칸'이란 맥주가 생산된다. 같은 이름을 쓸 수 없어 고육지책으로 '칸'을 뺀 '칭기스'란 상표로 생산한다.
- C3H2UP(4.8도) : 순한 맛 카스 느낌이다.
- SUPER LITE(3.8도) : 알코올 도수가 낮다. 목 넘김이 순하고 부드럽다.
- BOPRNP(5.5도) : 가장 도수가 높다. 탄산이 강하고 깊은 맛이다.

이건 꼭
챙겨가야 해

양산과 물티슈

장거리 이동 중에 만나게 되는 초원이나 사막 등지에는 화장실이 없다. 양산으로 가리고 노천의 자연 화장실에서 해결해야 한다. 오지의 숙소는 푸세식이다. 한국인 관광객들이 가장 힘들어하는 부분이다. 양산과 함께 화장지, 물티슈, 손세정제를 준비하면 좋다.

마스크, 종합감기약, 복용약, 상비약

울란바토르는 매연이 많고 일교차가 심하다. 특히 게르에서는 장작을 때기 때문에 실내 공기가 탁해서 감기에 잘 걸린다.

당뇨나 고혈압, 고지혈 등 지병이 있다면 병원에서 처방받은 약을 가지고 와야 한다. 상비약도 준비하는 게 좋다. 시내에는 약국이 많지만 지방은 찾기 힘들다. 현지 약국은 처방전 없이 약을 살 수 있지만 언어 소통이 잘 안 되기 때문에 원하는 약을 구입하기가 쉽지 않다. 벌레 퇴치제, 모기 기피제 등도 유용하다.

긴팔 옷과 얇은 겉옷, 목도리, 패딩

몽골은 여름이라도 아침저녁은 쌀쌀하다. 5월이나 9~10월에 간다면 특히 보온에 신경을 써야 한다. 긴팔 옷과 얇은 겉옷을 챙겨야 한다. 그리고 목도리나 스카프, 패딩도 챙겨가는 게 좋다. 활력 있고 밝은 분위기를 연출해주는 색상으로 준비하면 사진이 잘 나온다.

립밤, 보습크림, 선글라스, 선크림, 모자

건조하니 입술에 바르는 립밤과 보습크림도 챙기면 좋다. 한낮에는 자외선이 강하므로 선글라스, 모자, 선크림은 필수다. 모자는 햇빛을 막아줄 뿐 아니라 분위기 있는 사진을 위한 필수품이기도 하다. 패션 감각을 발휘해서 화려한 컬러로 준비하면 좋다.

컵라면, 간식

사막이나 초원의 게르에서 잘 경우 컵라면과 간식은 필수다. 한국에서 사갈 필요는 없다. 다만, 시내를 벗어나면 구입하기 어려우니 준비를 못했다면 이동 중간에 슈퍼에 들를 때 잊지 말고 구입하자. 몽골 여행은 체력 소모가 많아서 아무리 식사를 잘해도 밤에 야식이 당긴다. 남을 경우에는 현지인에게 선물로 주면 좋아한다.

인스턴트 커피

시골로 가면 커피를 마시기 힘들다. 몽골인들은 커피 대신 말젖으로 만든 마태차, 마유주, 주스, 탄산음료 등을 주로 마신다. 도시의 대형마트에서는 설탕이 듬뿍 들어간 믹스커피를 주로 판다. 커피 애호가라면 자신이 좋아하는 제품을 준비해가는 게 좋다. 게르나 초원에서 커피와 함께 여유를 즐길 수 있다.

손전등

도시에서 멀리 나가면 전기가 안 들어오거나 제한적으로 들어오는 곳이 있다. 이런 곳은 별을 감상하기 좋다. 별 사진 찍을 때 손전등이 있으면 멋진 사진을 찍는 데 도움이 된다.

여행자보험

단기 여행자보험은 온라인뿐만 아니라 공항에서도 가입이 가능하다. 사전에 온라인으로 가입하는 걸 추천한다. 간단하고 편리할 뿐 아니라 비용이 훨씬 저렴하다. 인터넷에서 '#단기여행자 보험' 또는 '#해외여행보험'을 치면 수십 개의 상품이 조회된다. 그중에서 토스 해외여행보험이 인기가 좋은 편이다.

지킬 건
지킵시다

절대 하지 말아야 할 3가지

흔히 몽골에서 꼭 해야 할 것 3가지로 은하수 보기, 말·낙타 타보기, 전통 의상 델(Deel) 입고 추억 사진 남기기를 꼽는다. 그런데 몽골에서는 절대 하지 말아야 할 행동 3가지를 잘 기억해야 한다.

손가락질은 금물이다. 특히 사람을 향해 가리키는 건 절대 안 된다. 검지로 사람을 가리키는 건 '너를 죽이겠다'는 의미로 해석된다.

게르를 방문하면 문지방을 밟으면 안 된다. 지금은 주거환경 변화로 문지방을 찾아보기 힘들지만, 우리나라도 문지방을 밟으면 안 되는 풍습이 있다. 그리고 여자에게 나이를 물어보면 안 된다.

일상 에티켓 10가지

1. 손가락 사이에 돈을 끼워서 주면 안 된다. 몽골 사람들은 도둑

질할 때나 돈을 손가락 사이에 낀다고 생각한다. 무례한 사람으로 여겨진다.

2. 다른 사람과 부딪치거나 발을 밟았을 때는 바로 사과하고 반드시 악수를 청해야 풀린다. 괜히 시비 거는 걸로 오해받을 필요가 없다.

3. 한국어로 험담하지 말자. 몽골인들 중에는 한국어를 알아듣는 사람들이 많다.

4. 어린이를 포함해서 누구의 머리도 만지면 안 된다. 타인의 모자에 손대거나 치우는 것도 예의에 어긋난다.

5. 사진을 찍을 때는 반드시 사전에 허락을 구해야 한다. 특히 도시에서는 무단 촬영에 대한 거부감이 많다.

6. 온천탕에 들어갈 때는 반드시 수영복을 착용해야 한다. 반바지나 반팔티를 입고 탕에 들어가면 눈총을 받고 퇴장당한다.

7. 정치적인 이야기는 하지 않는다. 러시아나 중국 관련 이야기도 피해야 한다. 정치 상황이 우리와는 완전히 다르다. 국경을 맞대고 있지만 두 나라에 대한 감정이 복잡하다. 여행 가서 예민한 문제를 언급하면 당연히 경계의 대상이 된다.

8. 어린이에게 현금을 주는 것보다는 작은 선물을 주는 게 좋다.

9. 화를 내거나 소리를 지르면 손해다. 몽골인들은 타인에게 화를 내는 일이 거의 없다. 그러나 욱하는 성질이 있다. 타국에서 당하고 손해보는 건 당신이다.

10. 가르치려 들지 마라. 오지라퍼들은 짧은 여행을 가서도 현지인이 사는 모습을 보고 답답해하면서 가르쳐 보려고 한다. 몽

골인은 자존심이 무척 강하다. 자신들의 현재에 만족하고 행복해한다. 내색은 잘하지 않지만 표정에 나타난다. "너님이나 잘하세요!"

게르 에티켓

1. 게르에 들어갈 때는 반드시 왼쪽으로 돌아가야 한다. 오른쪽은 주인이 머무는 공간이다.
2. 게르 입구의 문지방을 밟거나 나무 기둥에 손을 대지 않는다.
3. 게르 안에서는 휘파람을 불지 않는다. 뱀이나 벌레를 부르는 행동이라고 여긴다.

난로 에티켓

1. 몽골인들은 난로를 신성시한다. 난로를 손상시키는 것은 죄악이라고 생각해서 예민하다.
2. 난로 주변에 날카로운 위험물을 놓으면 안 된다.
3. 쓰레기를 버리면 안 된다.
4. 물을 붓는 행동은 금기 사항이다.

2 한눈에 살펴보는
여행 코스

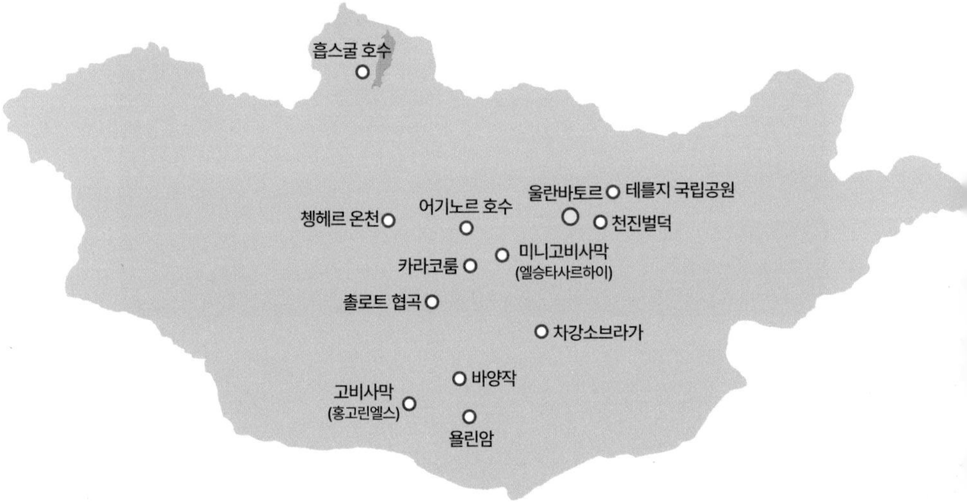

흡스굴 호수 ○

쳉헤르 온천 ○　　　어기노르 호수 ○　　　울란바토르 ○　　○ 테를지 국립공원
　　　　　　　　　　　　　　　　　　　　　　　　　　　○ 천진벌덕
　　　　　　　　　카라코룸 ○　　○ 미니고비사막
　　　　　　　　　　　　　　　　　(엘승타사르하이)
촐로트 협곡 ○

　　　　　　　　　　　　　　　　○ 차강소브라가

　　　　　　　　　　○ 바양작
고비사막 ○
(홍고린엘스)　　　　○
　　　　　　　　율린암

"몽골을 한 번도 안 가본 사람은 있어도 한 번만 간 사람은 없다"라고들 말한다. 일리가 있는 말이다. 몽골은 국토가 넓다. 명소들이 모두 울란바토르에서 멀리 떨어져 있다. 대부분 짧은 일정으로 방문하기 때문에 한 번 가서 전부 다 돌아볼 수가 없다. 한 군데 가보고 느낌이 좋으면 다른 곳은 얼마나 좋을까 궁금해진다. 그래서 다시 찾게 된다는 의미가 담긴 말이다.

몽골 여행 포인트는 다음 4가지로 나눌 수 있다.

- 몽골 맛보기 코스 : 울란바토르 → 천진벌덕 → 테를지 → 울란바토르
- 중부 초원 코스 : 울란바토르 → 어기노르 호수 → 쳉헤르 온천 → 미니고비사막(엘승타사르하이) → 카라코룸 → 울란바토르
- 남부 고비사막 코스 : 울란바토르 → 차강소브라가 → 고비사막(홍고린엘스) → 욜린암 → 박가즈링촐로 → 바양작 → 울란바토르
- 북부 흡스굴 코스 : 울란바토르 → 흡스굴 → 울란바토르

몽골
맛보기 코스 _ 2박 3일

울란바토르 → 천진벌덕 → 테를지 → 울란바토르

#천진벌덕(칭기즈칸기마동상) #말타기 #낙타타기 #골프 #올레길 #게르체험 #초원사진 #별자리관찰 #톨강래프팅 #거북바위 #수비니어

    테를지 국립공원과 울란바토르 시내를 돌아보는 코스다. 짧은 시간에 몽골의 분위기를 압축해서 느끼고 즐기기 좋은 곳이다. 여행 기간이 짧은 관광객들에게 안성맞춤이다. 게르 체험, 말타기, 낙타 타기, 별 사진 찍기 등 몽골에 왔다 가면 남기는 사진에 등장하는 대부분의 액티비티가 가능한 곳이다. 현지 여행사에서 운영하는 당일 투어도 있다. 대개 다른 코스를 가는 경우라도 하루 정도 시간을 내서 테를지에 들르는 게 일반적이다.

    차가 막히지 않으면 시내에서 1시간 반 정도 걸린다. 초록초록한 초원이 펼쳐진다. 하루나 이틀 동안 게르나 펜션에서 숙박하면서 다양한 체험을 하며 즐길 수 있다. 몽골의 모든 여행 맛과 재미를

◎ 천진벌덕 칭기즈칸 기마동상 ◎ 테를지 언덕에 자리 잡은 게르들 ◎ 낙타 체험장

골고루 모아놓은 듯 아기자기하다는 장점이 있다.

제주 올레에서 개척한 몽골 올레길도 있지만 접근성이 좋지 않고 관리가 잘 안 되어 있다. 소똥, 말똥 밟지 않고 피해 가는 재미가 있긴 하다. 개인이 걷기에는 조금 힘들고 무서울 수도 있다. 제주 올레에서 운영하는 프로그램으로 오는 게 안전이나 편리성 면에서 가장 낫다. 개인의 경우에는 현지 여행사를 통해서 테를지 픽드랍 서비스를 이용하는 게 좋다.

울란바토르는 사실 볼거리가 많거나 특색 있는 매력적인 도시는 아니다. 하지만 몽골에는 국제공항이 한 군데밖에 없으므로 어느 코스를 여행하든 입국이나 출국 시 하루씩은 머무르게 된다. 자유 여행이라면 시내 관광지는 요점 정리 식으로 두 군데 정도만 보면 충분하다. 백화점, 맛집, 핫한 카페에 들르고 귀국 선물을 구입하면서 시간을 보내는 걸 추천한다.

접근성이 좋은 수흐바타르 광장과 볼거리와 전망이 좋은 자이승 승전 기념 전망대 정도 보면 적당할 듯하다.

수흐바타르 광장은 울란바토르 중심지에 있는 중앙 광장으로 울란바토르 랜드마크다. 광장 가운데 몽골 독립 영웅 담딘 수흐바타르 동상이 있다. 수흐바타르 동상 북쪽에 국회의사당이 있고, 그 앞에 칭기즈칸 기념관이 있다. 그리고 광장 근처에 초이진 라마 사원 박물관이 있다. 몽골 불교와 관련된 예술품이 전시되어 있다.

자이승 승전 기념 전망대는 몽골이 소련과 함께 2차 세계대전에서 승리한 것과 몽골 사회주의 혁명 50주년을 기념해 1971년 소련이 몽골에 기증한 것이다. 전망대에 올라가면 울란바토르 시내

○ 서울의 거리 입구　　　　○ 수흐바타르 동상　　　　○ 오페라극장 광장

를 한눈에 조망할 수 있다. 하지만 매연과 미세 먼지로 시야가 흐린 날이 많아서 때로는 뿌연 시티뷰를 볼 수도 있다는 걸 감안하면 실망감을 줄일 수 있다. 낮보다는 시내 야경을 감상하기 좋다. 남산에 올라갔다 온 것 같다는 반응을 보이는 여행객도 있다. 그래도 울란바토르 시티투어에서 가장 가볼 만한 곳이다. 시내에서 30분 정도 걸리는데, 교통체증이 심해 더 걸리는 경우가 많다.

　그리고 나랑톨 시장을 몽골 필수 코스라고들 하는데, 소매치기가 많고 불친절한 사람이 많아서 그다지 추천하지 않는다. 장물(도난물품)이 많이 거래되기 때문에 외부인에 대해 매우 경계하며 적대적인 듯하다. 특히 사전 허락을 받지 않고 사진을 찍으면 고성과 욕설이 터져나오고 봉변을 당할 수도 있으니 조심해야 한다. 시간이 많으면 간단 테크치늘렌 사원, 역사박물관, 복드칸 궁전 박물관, 시립박물관 등을 둘러볼 수도 있다.

중부
초원 코스 _ 3박 4일

울란바토르 → 어기노르 호수 → 쳉헤르 온천 → 미니고비사막(엘승타사르하이)
→ 카라코룸 → 울란바토르

#초원 #미니고비사막 #호수 #온천 #칭기즈칸유적 #방목양떼

거칠지만 때 묻지 않은, 매력적인 중부 몽골의 초원 코스다. 어기노르 호수, 미니고비사막, 카라코룸을 다녀오는 일정이다. 비교적 난이도가 낮다. 거리도 멀지 않아 3박 4일에 다녀올 수 있다. 울란바토르와 테를지 국립공원 2박 3일을 포함해 5박 6일간 여행하는 사람들이 많다.

가고 오는 길 위의 풍광이 예술이다. 한 폭의 그림이다. 산과 초원, 푸른 하늘과 뭉게구름, 하늘과 땅이 맞닿는 지평선은 저절로 힐링을 하게 해준다. 하늘로 곧게 치솟아 뻗은 나무들이 빽빽하게 들어선 푸른 숲은 여기가 몽골이 맞나 하는 의구심이 들게 할 정도다.

그리고 몽골의 방목 가축 떼를 물리도록 실컷 볼 수 있다. 수백

○ 어기노르 호수 가는 길에 만난 유목민

마리의 양 떼가 풀을 뜯는 목가적인 풍경, 자동차가 달려와도 눈길한 번 주지 않고 유유자적하게 도로를 건너는 평화로운 모습과 여유롭게 지켜보며 기다려주는 사람들의 모습을 보면 마음이 따뜻해지고 오길 잘했다는 생각과 함께 이 순간이 참 행복하다는 느낌이밀려온다.

어기노르 호수는 흡수골 호수보다는 규모가 작지만 참 단정하고 깨끗한 느낌을 준다. 쳉헤르 온천은 시설이나 규모 면에서는 작은 편이지만 노천탕에 앉아서 맥주 한 캔 마시며 밤하늘의 별들을

○ 카라코룸에 있는 108개의 하얀 탑

바라보는 경험은 잊지 못할 추억을 남겨준다. 달걀 한 판을 사 들고 상류로 올라가 뜨거운 온천수에 삶아 먹는 재미도 참 색다르다.

미니고비사막(엘승타사르하이)은 길이가 70km 정도 되는 작은 사이즈다. 모래 언덕은 야트막하다. 이곳에서의 말타기와 낙타 타기는 특이한 감흥을 준다. 초지와 작은 강물과 사막을 한꺼번에 다 거치는 특별한 경험을 할 수 있다. 고비사막을 가지 못하는 여행자에게는 좋은 대체지가 될 수 있다. 액티비티하기도 좋다.

역사에 관심이 있다면 카라코룸을 빼놓을 수가 없다. 인류 역사상 가장 넓은 영토를 차지했던 몽골제국의 13세기 수도였던 곳이다. 대제국의 영화는 흔적도 없이 사라지고 박물관과 108 하얀 탑 성터가 있을 뿐이다. 칭기즈칸의 말발굽 소리와 흙먼지를 느껴보기 좋은 곳이다.

남부
고비사막 코스 _ 4박 5일

울란바토르 → 차강소브라가 → 고비사막 → 욜린암 → 박가즈링촐로 → 바양작
→ 울란바토르

#고비사막 #인생사진 #얼음계곡 #독수리계곡 #신비의샘물

　원래는 5박 6일 코스다. 시간이 부족하다면 코스 중 일부를 생략
해서 4박 5일로 다녀올 수도 있다. 핫포인트는 차강소브라가, 고비
사막, 욜린암, 바양작 네 곳이다. 욜린암 다음에 박가즈링촐로를 들
를 계획이었는데, 일행 중 몸이 불편한 사람이 있어 패스했다. 가이
드를 해준 아무라의 설명에 따르면 해발 1,768m 평원 한가운데 솟
은 경이로운 화강암 암석지대인 박가즈링촐로에는 시력을 3.0으로
만들어준다는 신비의 샘물이 있다고 한다.

　첫날은 몽골의 그랜드캐니언라 불리는 차강소브라가에 갔다. 바
다였던 곳이 솟아올라 황토빛 기암절벽을 만들어냈다. 아름답다.
아무 생각이 없었다. 그냥 감탄사가 절로 터져 나왔다. 욜린암은 한

○ 차강소브라가

○ 고비사막

여름에도 두꺼운 얼음이 덮여 있는 아이스 밸리다. 색다르고 재미있었다.

　고비사막(헝거링엘스)은 몽골 여행에서 가장 인상 깊고 보람 있었던 곳이다. 주로 밤하늘의 별 사진을 찍기 위해서 이곳을 찾아온다. 인생 사진을 건질 수 있는 곳이다. 내 눈에는 너무나 예쁘고 사랑스러웠다. 눈이 행복한 곳이다. 멀기는 하지만 방문한다면 절대 후회하지 않을 것이다. 낭만 몽골을 가슴 가득히 담아서 벅찬 기쁨을 한 가득 담아서 오게 된다.

○ 욜린암　　　　　　　　　○ 바양작

　　모두 특별한 스토리텔링은 없다. 눈이 즐겁고 사진 찍기 좋은 곳
들이다. 그중에 마지막 날 간 바양작은 머리와 가슴을 쬐끔 쓰게 한
다. 역사와 문명과 의식에 대해서 말이다.

　　나에게 몽골 여행 코스를 추천하라면 4박 5일의 고비사막 투어
를 망설이지 않고 권한다.

북부
흡스굴 코스 _ 4박 5일

울란바토르 → 흡스굴 → 울란바토르

#신성한호수 #낚시 #승마 #순록 #보트

차량으로 울란바토르에서 흡스굴로 이동하려면 올 때 갈 때 각 각 1박 2일을 잡아야 한다. 흡스굴에서는 보통 2박을 하며 돌아본다. 비행기로 이동하면 흡스굴에서 3박을 하며 여유롭게 보낼 수 있다.

몽골의 여행 코스 중에 흡스굴은 그나마 자유여행이 가능한 지역이다. 시외버스나 비행기로 갈 수 있다. 공항이나 버스터미널에 내리면 흡스굴까지는 택시를 이용해서 이동한다. 왕복 1,600km 이상의 가고 오는 길이 험난한 곳이다. 항공기는 결항이나 지연이 잦은 편이다.

버스 길은 포장도로이긴 하지만 관리가 제대로 돼 있지 않아서 로데오 게임을 하는 것처럼 격렬한 널뛰기를 경험하게 된다. 도로

○ 흡스굴 호수

사정이 나쁘기 때문에 흡스굴만 보고 오는 데도 대중교통을 이용
해서 다녀오려면 5박 6일 정도 걸린다. 고생을 각오해야 한다.

　낚시, 수영, 보트 타기, 승마, 게르 캠프 등 다양한 액티비티를 즐
길 수 있다. 흡스굴 호수의 면적은 제주도의 1.5배 정도 크기로 바다
처럼 넓다.

　물이 귀한 몽골인들에게 흡스굴은 신성한 호수다. 현지인들이
평생에 한 번은 꼭 가보고 싶어 하는 곳이다.

혼합형

코스 _ 10일 이상

한 번에 여러 곳을 보고 싶어 하는 사람들이 팀을 만들거나 여행사와 협의하여 맞춤형 루트를 만들어 여러 곳을 돌아보는 혼합형 여행 방식이다.

이 책에서는 다음 네 가지 코스를 소개하였다.

- 몽골 맛보기(2박 3일) : 울란바토르 → 테를지 → 울란바토르
- 중부 초원(3박 4일) : 울란바토르 → 어기노르 호수 → 쳉헤르 온천 → 미니고비사막(엘승타사르하이) → 카라코룸 → 울란바토르
- 남부 고비사막(4박 5일) : 울란바토르 → 차강소브라가 → 고비사막(홍고린엘스) → 욜린암 → 박가즈링촐로 → 바양작 → 울란바토르
- 북부 흡스골(4박 5일) : 울란바토르 → 흡스굴 → 울란바토르

위 네 가지 중 가고 싶은 곳을 혼합해 루트를 짜는 게 혼합형 코스다. 시간과 비용이 많이 소요되고 체력도 요구되지만 몽골 여행의 즐거움을 극대화할 수 있는 방법이다.

최근에 이런 방식으로 여행하는 사람들이 늘고 있다. 마을버스로 세계일주를 해서 유명해진 임택(Lim Taxi) 여행 작가가 2022년에 이어 2023년에도 페이스북에서 15명 정도의 사람들을 모아 몽골 원정대를 만들어 여행했다. 16박 17일 동안 나담축제도 구경하고 사막도 체험하고 말타기도 했다. 20명 정도의 회원과 10여 명의 현지 스태프가 오프로드 차량 8대로 움직였다.

2023년에는 유튜버인 쏘따리 부부가 몽골인이 운영하는 여행사와 사전에 협의하여 고비사막과 테를지를 한꺼번에 돌아보고 속보 승마까지 했다. 가성비 최고의 멀티 체험에 대만족해서 유튜브에 올렸는데 대박을 쳤다.

몽골에 대한 정보가 가장 많은 러브몽골 카페에, 팀을 모으고 현지 여행사와 협의해 한 번에 여러 곳을 다녀온 사례가 많이 올라와 있으니 참고하면 도움이 될 것이다. 특히 엉터리 여행사와 가이드 땜에 고생한 사례도 있으니 참고할 필요가 있다.

내 경우에는 몽골에 혼자 가서 3개월간 지냈다. 중간중간 한국에서 여행객들이 오면 합류해서 함께 다녔다. 몽골의 유명 여행지는 배놓지 않고 다 다녀왔는데, 비용을 1/n로 갹출해서 냈기 때문에 비용 면에서 웰컴이었다.

개인적으로 몽골을 일주일에서 열흘 정도 방문하는 여행자에게 추천하고 싶은 코스는 테를지 국립공원 + 고비사막 코스다.

PART 2

자세히 들여다본
몽골 Hot Place

1 시간이 짧은 여행자를 위한 몽골 맛보기 코스

울란바토르 → 천진벌덕 → 테를지 국립공원 → 울란바토르

흡스굴 호수

울란바토르 ○ 테를지 국립공원
어기노르 호수 ○ 천진벌덕
쳉헤르 온천 ○
카라코룸 ○ ○ 미니고비사막
(엘승타사르하이)
촐로트 협곡 ○
○ 차강소브라가
고비사막 ○ 바양작
(홍고린엘스)
율린암

얼떨결에
테를지

오랫동안 잊고 있었던 감탄사를 되찾다

울란바토르에 도착한 다음날 김쌤(몽골에 사는 여행 벗이다)이 골프를 치러 간다며 같이 가자고 했다. 난 골프 칠 생각이 전혀 없었다. 골프채를 놓은 지도 오래다. 게다가 아직 여독이 풀리지 않았다. 혼자서 제대로 쉴 수 있는 기회라 싶어 띵까띵까~ 뒹구리뒹구리~를 즐겨보기로 했다. 그런데 칭기즈칸 골프장이 테를지 국립공원 내에 있다는 거다.

이건 뭐임? 테를지라고? 테를지는 몽골에 오면 필수 코스다. 무조건 가야 하는 명소다. 떡 본 김에 제사 지내자, 원님 덕에 나발 불어보자. 울란바토르에서 가깝지만 대중교통으로는 가기 힘들다. 이런 좋은 기회를 놓칠 수 없다. 옳다구나 잘됐다. 후다닥 고양이 세수만 하고 얼른 따라나섰다.

얼떨결에 테를지 국립공원 구경이다. 김쌤 일행이 골프를 치는

○ 테를지 국립공원

동안 나는 혼자서 주변을 자유롭게 돌아보기로 했다. 테를지 국립공원 지역에 들어서자마자 풍경이 확 바뀐다. 야트막한 언덕과 들판은 온통 초록빛 물결이다. 살랑살랑 부는 바람 따라 출렁였다. 초록초록에 산들산들~ 내 가슴도 일렁였다. 파란 하늘과 하얀 뭉게구름이 왈츠를 췄다. 내 맘도 덩달아 빙글빙글 돌았다. 서울에서 몇 달 동안 지내며 답답했던 숨통이 뻥 뚫렸다. 후련 시원했다.

　오길 잘했어, 몽골은 이 맛이야! 이래서 사람들이 몽골몽골한 몽골이라고 하는 거구나 싶었다. 한 번 온 사람이 또 오는 이유를 알 것 같았다. 와우~ 와우~ 감탄사가 방언처럼 절로 터져 나왔다.

○ 게르촌 풍경

729일과 500일 동안 두 차례의 세계일주 여행을 하고 나서 무디어졌던 여행 감성이 되살아났다. 사실 아프리카에 다녀오고 난 후엔 아무리 유명하고 멋진 걸 봐도 무덤덤했다. 화석화된 감성의 부활이 신기하다.

여행은 설렘이고 호기심이고 감동이다

골프팀이 스타트하는 것만 보고서, 나는 혼자서 초원과 언덕을 헤집고 다녔다. 언덕과 들판과 게르 캠프를 누볐다. 양, 염소, 말, 낙

타, 소 떼와 눈을 맞추고 인사를 나누었다. 여유롭게 흘러가는 구름
의 모습은 마치 하늘에서도 양 떼가 노니는 것 같은 착각을 불러일
으켰다.

심장이 방망이질을 쳤다. 맥박이 힘차게 뛰며 핏줄까지 덩달아
요동질했다. 흥분을 느꼈다. 문명보다는 자연이 나를 소생시킨다.
여행은 설렘이고 호기심이고 감동이다. 비로소 원하던 여행이다.
돌아보는 내내 감탄사를 연발했다. 이후 몽골의 유명한 관광지를
다 다녀왔지만 이날이 제일 감동적이었다. 풍경이 바뀔 때마다 아~
소리가 절로 나왔다. 스무 살 생애 첫 미팅에 나가서 퀸카와 파트너
가 됐을 때 느꼈던 그 기분이 되살아났다.

울란바토르 인근에는 골프장이 세 군데 있다. 칭기즈칸 골프장

○ 높이가 30미터나 되는 거대한 거북바위. 테를지 국립공원 랜드마크다.

○ 테를지 국립공원 안에 있는 칭기즈칸 골프장

과 스카이 골프장, 리버사이드 골프장이다. 골프 비용은 싸지만 관리가 잘 안 돼 있는 편이다. 러프에 공이 들어가면 찾기가 힘들다. 캐디는 공을 봐주거나 찾는 데 도움이 되지 않는다. 그냥 구경꾼처럼 따라다닌다.

　풍광은 정말 좋아서 색다른 기분으로 플레이할 수 있다. 그리고 자연 친화적이다. 골프를 치면서 양 떼와 소 떼가 노니는 걸 보노라면 확실히 색다르다는 느낌이 절로 든다. 장비 대여비도 저렴하므로 골프를 좋아한다면 한번 경험해보는 것도 괜찮을 것 같다.

볼거리는 별로 없지만
지내기 편한 울란바토르

나도 돈 좀 써봐야지

며칠 바쁘게 쏘다녔다. 쉼표가 필요했다. 오늘은 그냥 '놀먹마쉬' 하기로 했다. 놀고 먹고 마시고 쉬기! 김쌤이 끓여준 소고기미역국으로 아침부터 든든히 먹었다. 혼자 카페에 가서 인터넷 서핑이나 하면서 쉬려고 했는데, 몽골 와서 알게 된 용배 아우가 와서 따라나섰다. 내가 혼자 나가는 게 못 미더운 거다. 그래 이왕 몽골 14년차랑 같이 나왔는데 여기저기 가보기로 계획을 바꿨다.

환전소부터 갔다. 그동안은 환전을 하지 않아서 몽골 투그릭이 없는 탓에 얻어 먹고만 다녔다. 벼룩도 낯짝이 있다. 나도 돈 좀 써보자. 울란바토르 국영백화점 4층에 환전소가 있다. 지갑을 털어보니 한국 돈 40만 원 정도가 있다. 몽골 돈으로 바꾸니 100만 투그릭이 넘었다(몽골 환전소에서 한국 돈도 환전해준다).

몽골 돈으로 부채를 만들어 부쳐봤다. 갑자기 부자가 된 기분이

○ 환전   ○ 국영백화점

었다. 흐뭇한 미소가 절로 나왔다.

점심은 간단히 먹자고 미소 라멘을 파는 일본 식당에 갔다. 깔끔하긴 한데 비싸다. 맛도 별로다. 세트 메뉴를 반이나 남겼다. 가격은 15,000원 정도다. 전날 저녁에 한식당에서 먹은 도가니탕은 14,000원 정도다. 알차고 훨씬 더 맛나다.

3개월간 몽골에 살면서 남양주 거리에 있는 부산식당과 선진그랜드호텔 1층에 있는 한식당에 자주 다녔다(2층에는 한인회 사무실이 있다). 두 곳이 한식당 중에서 메뉴가 다양하고 맛이 낫다. 2001년 남양주시에서 울란바토르와의 우호 교류를 기념하여 남양주문화관을 세웠다. 1층에는 부산식당이, 2층에는 카페가 있다. 지하에는 사우나가 있다.

울란바토르에는 서울의 거리, 남양주 거리, 중구 거리 등 자매결연 기념으로 명명한 도로가 있다. 우리나라뿐만 아니라 중국 북경 거리도 있다.

○ 부산식당과 남양주 사우나 ○ 선진그랜드호텔 ○ 서울의 거리 ○ 남양주 거리 ○ 중구 거리

이럴 때 아니면 언제 한번 해봐

수흐바타르 광장에 가서 울란바토르에서 가장 고급지다는 샹그릴라 몰을 휘리릭 돌아보았다. 복잡복잡 내 취향이 아니다. 바로 옆의 샹그릴라 호텔 로비로 가서 커피숍의 푹신한 의자에 파묻혀 보았다. 편하다. 시원한 아이스라테를 한잔 마시니 스르르 졸렸다. 나른하고 게으름을 즐기는 본성이 되살아났다.

이날 이후 샹그릴라 호텔 커피숍은 나의 단골 장소가 되었다. 숙소와도 가까워서 그곳에서 인터넷 검색도 하고 SNS도 하고 260일 간 아프리카 여행 이야기를 담은《아프리카 이리 재미날 줄이야》 원고도 집중해서 썼다.

보조 작업실은 시립박물관 사거리에 있는 커피빈으로 정했다. 여기는 주로 대학생들이 많이 와 스터디 카페 분위기여서 나중에 는 커피빈에 더 자주 갔다.

용배 아우가 열심히 울란바토르 라이프를 오리엔테이션해 줬다. 한국인이 하는 24시간 사우나가 있다는 말을 듣고 가보자고 했다. 남녀 공용 찜질방도 있다는데 그냥 목욕만 했다. 목욕비 8,000원, 세신(洗身, 때밀이) 6,000원, 때밀이 수건 600원. 도합 14,600원을 썼 다. 100만 년 만의 세신이다. 안 하던 걸 했더니 어색했지만 몸이 한 결 시원했다. 요런 엉뚱한 짓도 여행 중의 색다른 재미다.

○ 샹그릴라 몰 외부와 내부

○ 샹그릴라 호텔 커피숍　　　　　　○ 하드락 카페

　　그다음엔 하드락 카페로 갔다. 세계일주하면서 여러 나라에서 하드락 카페를 보았었다. 호기심은 있었지만 한 번도 못 갔다. 왠지 젊은 사람들만 가는 곳 같아서다. 오늘은 용배 아우와 함께라서 궁금증을 풀어보기로 했다. 야외 좌석에 자리 잡고 생맥주와 아이스 카페라테를 마셨다. 2층 홀은 건물 전체를 쓴다. 저녁에는 라이브 공연도 한다. 예전에 서울의 뤼벤브로이나 오비스 캐빈 같은 생맥주집 분위기다.

　　실제로 보니 별거 아니구먼, 괜히 쫄았네. 여행하면서 하고 싶은 게 있으면 망설이지 말고 질러보면서 살리라 했지. 그러나 여전히 고정관념과 자기 검열하는 버릇을 버리지 못하고 있음을 새삼 깨닫는다. 죽기 전에 나아지겠지? 노가다 여행은 보람차고, 힐링 여행은 달콤하다. 달콤한 하루였다.

테를지에서
4시간 동안 말타기

거친 호흡과 빛나는 갈기

울란바토르 시내에서 테를지 승마장까지는 막히지 않으면 1시간 반 거리다. 도로 사정이나 교통체증 때문에 실제로는 2시간 정도 잡아야 한다. 몽골에 올 때 가장 해보고 싶은 게 말을 실컷 타보는 것이었다. 몽골에 와서 9일 만에 처음으로 말을 탔다.

한국 부산에서 오신 분과 키르기스스탄 여행을 마치고 온 분과 조인이 됐다. 이 두 분과 고비사막과 쳉헤르 온천도 함께 가기로 했다. 팀을 짤 때 인원이 많으면 경비를 줄일 수 있어서 좋지만 3명 정도의 작은 인원은 단출해서 좋은 면이 있다. 한 분은 여행책을 낸 은퇴한 선생님이고 한 분은 사진작가다. 나도 여행 작가니 졸지에 작가 팀이 되었다. 아무래도 글을 쓰고 좋은 사진을 찍어야 하니 볼 게 많아서 가는 길에 멈추는 시간이 많아질 것 같다는 생각이 들었다.

○ 몽골몽골한 언덕 아래 자리 잡은 게르

　몽골의 대자연 속에서 다양한 길을 따라 말을 타니 천상유희가 따로 없다. 기분이 업되어 힘든 줄을 몰랐다. 하지만 '다음날 일어나면 삭신이 쑤시겠지?' 은근 걱정했다. 그런데 어라~ 말짱했다. '내 몸뚱이가 아직은 쓸 만하구나.' 뿌듯했다.

　6년 전에 2년간의 긴 세계일주를 시작했다. 떠나기 전에 건강검진을 받았다. 그때 65세로 지공(지하철 공짜)인데 신체 나이가 82세로 나왔다. 술과 담배를 오랫동안 한 사람은 묻고 따질 것도 없이 신체 나이가 무조건 높게 나온단다. 건강관리를 제대로 하지 않고 살아

○ 야생 그대로의 길을 달린 테를지 승마

온 결과라 변명할 여지가 없었다. 제기랄이지만 나는 종합병동 환자라고 스스로 인정했다. 조오타! 죽기 전에 지구별 구경이나 실컷 하자. 몸은 빌빌 대지만 마음은 초긍정으로 살자 했다.

유랑하다가 쿠바까지 갔다. 두 달 동안 작은 섬 구석구석을 다녔다. 그때 섬의 서쪽 끝에 있는 비냘레스 국립공원엘 갔다. 시간이 많이 남아서 심심풀이로 4시간짜리 승마 투어를 했었다. 한적한 길을 따라가는 관광코스용이었다. 중간에 카페도 들르고 레스토랑에서 식사도 하고 담배 농장 구경도 하면서 쉬엄쉬엄 다녔다. 평생에 처음 오랜 시간 말을 탔기에 기억에 남는다.

　한국에서도 몇 번 타보기는 했지만 그건 어린애 장난 같은 맛보기였다. 쿠바는 재미있었다. 칭기즈칸 땅에서의 말타기는 차원이 완전 달랐다. 몽골 테를지 국립공원에서의 승마는 상상 이상이었다. 초원, 숲, 언덕, 계곡 등 야생 그대로의 길을 달리면서 신바람이 절로 났다.

　들판과 숲길을 지났다. 몽골몽골 완만한 언덕을 오르고 가파른 비탈길을 내려왔다. 햇빛에 반짝이는 맑은 개천을 건넜다. 진흙탕 길을 헤쳐나갔다. 한가한 소 떼가 풀을 뜯는 목장을 지났다. 이방인을 향해 사납게 짖어대는 몽골 토종개는 오히려 귀여웠다. 대자연 속에서 보낸 반나절은 만족과 쾌감의 시간이었다.

　중간에 현지인이 사는 통나무집에 들러서 마태차와 딱딱한 빵을 나누면서 살아가는 이야기를 듣기도 했다. 칭기즈칸의 말들이 내뿜는 거친 호흡과 빛나는 갈기는 오래오래 잊지 못할 것 같다.

이러다 백 살까지 사는 거 아냐!

　말 옆구리에 박차를 가해 속도를 내서 달릴 때, 강을 건널 때, 진창길을 따라 걸을 때, 경사진 언덕을 오르고 내릴 때, 울창한 숲속에서 내려 피톤치드를 듬뿍 마실 때 기분은 하늘을 나는 것 같았다. 묶어 둔 말을 쓰다듬어주며 칭찬해줄 때 그리고 나의 말이 머리를 하늘로 치켜들고 히힝 소리를 내며 기뻐할 때 이게 바로 교감이구나 하는 느낌이 들었다.

○ 한가로운 소 떼

해질 무렵 붉은 노을이 물든 하늘과 호수를 바라보며 돌아올 때의 그 느낌을 뭐라고 말로 표현하기가 어렵다. 소름 돋을 만큼 짜릿했고 눈물이 날 만큼 황홀했고 소리 지르고 싶을 만큼 행복했다. 반나절 승마는 나에게 엔돌핀을 솟게 했고 충만감과 자신감을 불어 넣어 주었다.

오늘처럼 하고 싶은 짓, 좋아하는 짓을 하고 살면 건강하게 좀 더 오래 살 뿐 아니라 어쩜 혹시 백 살까지 살게 될지도 모르겠다는 근거 없는 예감까지 들었다. 여행은 몸과 마음을 젊어지게 하는 샘이라는 말이 맞다.

돌아오는데 해가 완전히 졌다. 테를지에 있는 한국분이 운영하는 스카이 게르 캠프에 들러 늦은 저녁식사를 했다. 사장님의 모친이 어제 한국에서 오셔서 주방 일을 봐주고 계셨다. 이런저런 얘기를 하는데 먼저 요기하라고 누룽지를 내준다. 이어서 닭백숙이 나온다. 밑반찬까지 제대로 한국 할머니의 손맛이 가득 담겼다.

커피 대신 숭늉을 마시고 테라스에서 설치된 별 망원경으로 밤하늘 구경을 했다. 시간이 일러서 은하수 무리는 만나보지 못했지만 부지런하게 일찍 나온 별들과 눈맞춤 인사를 했다. 제대로 카르페 디엠(오늘 행복하세요)의 하루였다.

세계에서 가장 큰
기마상이 있는 천진벌덕

칭기즈칸이 황금 채찍을 발견한 곳

김쌤이랑 현지 교민 사업가인 정 사장이 바람 쐬러 나가자고 했다. 돼지국밥을 사준다는 거다. 몽골에서 돼지국밥이라니 뭔 풀 뜯어먹는 소리여? 쬐게 망설였다. 근데 돼지국밥 맛집이 천진벌덕(Tsonjin Boldog) 칭기즈칸 대기마상 근처란다. 두말하면 잔소리지. 얼른 따라나섰다. 친구 따라 강남 가기다. 무계획 여행자의 변심은 늘 무죄다. 푸하하! 그렇게 뜬금없이 돼지국밥을 먹고 나서 천진벌덕으로 갔다.

천진벌덕은 울란바토르에서 동쪽으로 1시간 10분 정도 차를 타고 가야 한다. 몽골의 랜드마크인 칭기즈칸의 대형 기마 동상이 있다. 기마상의 높이가 40미터로 세계에서 가장 큰 동상이다. 2006년 몽골제국 800주년 기념사업으로 건립을 시작하여 2019년에 완공된 최근의 건축물로 유명하다. 러시아, 중국, 독일, 몽골이 합작해

서 만들었다.

기마상이 위치한 천진벌덕 지역은 1179년에 칭기즈칸이 이 지역을 지나가다가 황금 채찍을 발견한 곳이라는 전설이 있다. 주차장에서 차를 내려 100m 정도의 언덕을 걸어서 올라가야 한다.

현지 사는 두 사람은 이곳에 여러 번 와봤지만 둘 다 언덕 위까지는 올라가보지 않았단다. 하긴 서울 살아도 남산 꼭대기까지 올라가 본 사람은 별로 없지 싶었다. 김쌤도 세 번을 왔지만 한 번도 언덕까지는 가보지 않았다고 했다. 김쌤을 꼬드겨서 함께 갔다. 나만 신바람이 나서 휘젓고 다녔다.

호객이 필요 없는 끝없는 인기

천진벌덕 내부에 박물관이 있다고 해서 12,000원 정도의 현지 물가에 비해 상당히 비싼 입장료를 내고 들어갔는데 규모나 내용은 실망스러웠다. 그래도 왔으면 봐야 마땅하기에 불평은 입 밖에 내지 않았다.

박물관 내부의 중앙에는 높이 9m 길이 6m의 세계에서 가장 큰 칭기즈칸 가죽 장화가 작품처럼 전시돼 있다. 칭기즈칸 기마상 발크기에 맞춘 것이라고 한다. 전통 복장을 빌려 입고 사진을 찍는 코너와 기념품 가게, 카페, 전망대 등이 전부다.

나는 가족들과 놀러 온 전통 복장 몽골 소녀와 사진을 찍는 것으로 만족했다. 사진 명소는 박물관 내부에서는 꼭대기 동상의 말머리 부분이다. 보통은 아래쪽 주차장 입구와 주변 산책로에서 위쪽

○ 천진벌덕 박물관 내부

○ 매 사진 찍기

○ 천진벌덕 게르

의 동상을 올려다보고 찍으면 근사한 사진을 건질 수 있다. 이때 햇빛 방향을 잘 살펴서 위치를 잡는 게 중요하다.

언덕에 올라갔다면 사방으로 내려다보이는 주변의 드넓은 초원과 투명할 정도로 맑은 하늘 그리고 양 떼와 전통 가옥인 게르의 풍경을 담으면 멋진 풍경 사진이 된다.

주차장 입구에서 언덕으로 올라가는 중간 지점에는 관광객을 상대로 매 사진 찍기, 낙타 타기, 말타기를 체험하는 장소가 있다. 호객하지 않아도 한국 관광객들이 줄 서서 기다릴 만큼 인기가 좋다. 나도 매를 어깨 위에 올려놓고 사진을 찍고 말도 타보고 싶었지만 차에서 기다리는 정 사장에게 미안해서 잠시 구경만 하고 왔다. 가장 나이를 먹은 내가 폴짝폴짝거리며 다니는 게 좀 민망하긴 했다.

시내로 돌아올 때는 일요일이라서 차들이 많이 밀렸다. 답답하고 짜증이 스멀스멀 올라왔다. 공휴일에는 차가 많이 막힌다는 걸

잘 암시롱 나를 위해 멀리까지 데리고 나와 준 걸 생각하니 정말 다 고마웠다. 난 복 받은겨~

오는 길에 이마트 신도시점에 들렀다. 내가 여행하면서 이런 데 구경하는 거 좋아라 하는 걸 어찌 알았을꼬? 엄청 쓸어 담았다. 큰 봉투 5개가 꽉 찼다.

뚜레쥬르와 카페베네도 있다. 날씨가 더운데 아이스아메리카노를 한잔 마셔주니 기가 막혔다. 무심코 "이럴 땐 빵이나 조각 케이크를 곁들이면 좋은데"라고 한마디 했다. 김쌤이 들를 데가 있다면서 나보고 여기서 기다리라고 하고는 어디론가 바쁘게 갔다. 얼마 후에 빵과 케이크를 종이 가방 두 개나 가득 채워서 나타났다. 이건 또 뭡니? 우쒸~ 빵만 먹고 살라는 거야 모야? 꿍시렁 꿍시렁~ 하는 척했지만 마음 씀씀이가 고맙다.

진정한 여행이란 새로운 풍경을 만날 뿐 아니라 좋은 사람들을 만나는 거 맞다.

2 아기자기한 볼거리와 낭만이 있는 중부 초원 코스

울란바토르 → 어기노르 호수 → 쳉헤르 온천 →
미니고비사막(엘승타사르하이) → 카라코룸 → 울란바토르

울창한 숲이
아름다운 어기노르 호수

사랑을 품은 신성한 호수

울란바토르를 출발해서 첫 번째 목적지는 서쪽으로 380km 떨어져 있는 어기노르(Ugii Nuur) 호수다. 어기는 나이 든 여성을 지칭하는 말이다. 내어준다는 뜻도 가지고 있다. 노르는 호수를 뜻한다. 어기노르의 뜻을 해석하면 '아낌없이 내어주는 어머니의 호수'라는 멋진 이름이다.

어기노르 호수에는 애달픈 사랑의 전설이 전해져 온다. 오랜 옛날 '어기'라는 아름다운 공주가 한 청년과 사랑에 빠졌다. 아버지인 임금이 이를 알고 크게 노해서 청년을 죽음의 전쟁터로 보내버렸다. 공주는 그가 살아 돌아올 수 없다는 걸 알고 그리움에 한없이 울다가 눈을 감고 세상을 떠났는데 엄청난 눈물이 흘러 어기노르가 되었다고 한다. 시간이 흘러 청년이 구사일생으로 살아 돌아와 어기 공주의 이야기를 알게 되었다. 청년은 호수 옆에 자리 잡고 그

○ 어기노르 호수 주변 풍경

호수를 지키는 큰 산이 되었다고 한다.

몽골은 물이 워낙 귀한 나라여서 어기노르 호수나 흡스굴 호수처럼 큰 물을 소중히 여기고 신성시한다. 우리나라 사람들은 여름 휴가지로 바다를 선호한다. 하지만 몽골은 바다가 없다. 어기노르 호수나 흡스굴 호수가 최고의 피서지로 꼽힌다. 바다같이 넓은 호수와 별천지 같은 푸른 숲이 있다. 우리나라 공익재단에서 지원하여 메마른 땅을 푸른 숲으로 풍경을 바꾸는 데 크게 기여했다.

이곳은 국제 습지보호협약(람사스협약)에 등록되어 있다. 1급수의 청정지역이고 철새의 보금자리다. 호수는 절반 정도는 3m 내외의

○ 어기노르 호수 길목의 초원

깊이지만 15m나 되는 곳도 있다. 둘레는 24.7km로 제법 큰 담수호다. 호수 주변을 차로 한 바퀴 도는 데 1시간 반 정도 걸린다.

몽골 최북단에 있는 흡스굴 호수는 한여름에도 물이 차갑지만 어기노르 호수는 중부 지방이라서 한여름에는 물이 따뜻해서 수영하기 적당하다. 울란바토르에서 멀지 않고 푸른 초원이 지평선 끝까지 이어져서 아름답기에 오가는 길이 힘들지 않고 재미나기까지 하다. 호수의 깊이가 완만하게 내려가기 때문에 수영과 낚시하기 좋고 주변에서 일광욕을 하기에도 좋다.

호수 주변은 매우 넓고 푸른 개활지와 야트막한 언덕에 둘러싸여 있다. 멀리 보이는 산에는 울창한 나무가 가득하다. 옹기종기 모여 있는 게르촌이 다른 어떤 곳보다 여유롭고 평화로워 보인다.

현지인들이 많이 찾기 때문에 게르가 많다. 유명한 곳임에도 숙소 예약이 힘들지 않고 숙박비도 비싸지 않은 편이다. 2023년 기준으로 1인당 식사 포함 35달러 정도다.

어기노르 호수에서는 연간 50~80톤 정도의 다양한 종류의 물고기가 잡힌다. 식당에서 생선요리를 하기는 하지만 대부분 외국인 관광객들이 주문한다. 몽골인들은 생선요리를 요리로 생각하지 않는다. 우스갯말로 호수 주변의 몽골 개들도 물고기 따위는 쳐다보지도 않는다고 한다. 낚시는 산란기인 6월 중순 이후에는 언제든지 가능하다. 낚시 장비는 게르에서 빌릴 수 있다. 미끼 없는 루어 낚시를 해도 팔뚝만 한 대어가 올라온다. 던지면 바로 올라오지는 않는다. 쉽게 물지는 않지만 인내심을 갖고 기다리거나 혹시 운이 좋으면 월척을 낚을 수 있다.

가다 서다 쉬엄쉬엄 즐기다

어기노르 호수로 가는 포장도로가 끝나고 들어선 비포장도로의 풍경은 환상적이었다. 가는 길은 온통 끝없는 초원이 펼쳐진다. 푸른 산과 삼림은 몽골이라기보다는 뉴질랜드나 캐나다 숲길 분위기다. 양 떼들이 길을 가로질러 가는 모습을 보면 기다리는 시간이 답답하기는커녕 더 오래 느긋하게 보고 싶은 마음이 들었다.

르노 밴을 타고 가니 공간도 넓고 천장도 높아서 편했다. 일행 3

○ 도로를 무단횡단하는 양 떼

명과 가이드를 해주는 김쌤과 한국말을 잘하는 키가 크고 인물이 훤한 현지인 운전기사까지 모두 5명이라서 모든 게 여유가 있고 넉넉했다. 대신 비용이 많이 드는 걸 감수해야 했다.

중간중간 차를 자주 세웠다. 사진을 찍고 싶은 풍경이 너무 많아서다. 2차선 길 양쪽으로 엄청난 규모의 양과 염소 떼가 풀을 뜯으면서 천천히 이동하는 모습이 자주 보인다. 장관이다. 말 무리가 둥그렇게 모여 서서 웅덩이의 물을 마시는 모습도 평화롭다. 어린 목동이 말이 아닌 오토바이를 타고 살이 토실토실한 소 떼를 몰고 가는 모습도 신기하다. 가축 떼는 차가 오든 말든 천천히 길을 건너서 반대편 초원으로 이동한다. 차들은 가축 떼가 다 지나갈 때까지 잘도 기다려준다. 그럴 때마다 차에서 내려 열심히 사진을 찍었다.

참고로 몽골에는 7천만 마리 정도의 가축이 있다고 추산한다. 이

○ 둥그렇게 모여 서서 물을 마시고 있는 말 무리

곳에서 가축이란 사람이 사료를 주거나 돌보지 않아도 스스로 풀과 물을 찾아서 사는 방목 동물을 말한다. 염소, 양, 소, 말, 낙타를 대표적인 5축으로 꼽는다. 그중 염소와 양이 가장 많다. 돼지나 닭처럼 사료를 먹는 동물은 가축에 끼지 못한다.

초원에 양과 염소를 함께 풀어놓는데 이유가 재미있다. 양은 겁이 많고 조심성이 많아 앞으로 나가지 않고 주변의 풀만 뜯어먹는다. 염소는 용감해서 늘 앞장서 나가 풀을 찾아먹는다. 그래서 양은 늘 염소의 뒤를 따라다닌다. 재미난 건 실은 염소가 용감한 게 아니라 눈이 나빠서 잘 보이지 않기에 계속 앞으로 나간다고 한다. 눈에 뵈는 게 없어서 겁을 상실하고 돌격 앞으로 하는 거란다.

몽골몽골한 풍경에 빠진 날

어기노르 호수는 포장도로를 달린 뒤 비포장도로를 2시간 이상 가야 나타난다. 그런데 실제로는 더 많이 걸렸다. 사진을 찍기 위해 멈춘 시간이 제일 많았다. 점심 도시락을 먹고 차도 마시고, 가다가 동네 구멍가게를 만나면 아이스크림으로 당을 보충해주었다. 건조하고 거친 땅에서 달달한 맛이 끝내줬다. 이곳에 갈 때는 특히 여성의 경우 양산 지참은 필수다. 화장실이 없으니 가능하면 멀리 가서 양산으로 가리고 일을 봐야 한다. 그래서 쉬는 시간도 넉넉히 잡아야 한다.

하루를 꽉 채워서 도착했지만 가는 길에 볼거리가 많고 풍경이 아름다워서 전혀 지루하거나 힘들지 않았다. 몽골에서 보는 푸른

○ 하늘, 산, 들판, 사람, 말이 한데 어우러진 모습이 아름답다.

숲은 거의 감동 수준으로 멋지다. 화려함을 뽐내는 작은 꽃들에 가까이 다가가서 구경하고 감탄하느라 시간이 하세월로 흘렀다. 이 순간이 너무 좋고 행복하므로 혹여 다른 곳을 못 가더라도 괜찮다는 생각이 들 정도였다. 다시 한번 더 가고 싶을 정도로 기억에 남는다. 호수도 예쁘지만 가고 오는 길의 풍경이 너무 아름다워서 제대로 낭만 몽골을 느끼게 해줬다. 몽골몽골한 풍경에 감탄사를 연발한 하루였다.

게르에 짐을 풀고 몽골식 저녁 식사를 했다. 튀긴 음식들이 약간 느끼했지만 배가 고파서 맛나게 먹었다. 밤이 되니 기온이 뚝 떨어졌다. 온수가 나오지 않아 씻는 건 내일로 미뤘다. 인터넷도 불량했다. 6월인데도 화목 난로를 피워야 했다. 장작에 불이 붙을 때 연기가 많이 나는데 그 무섭다는 일산화탄소가 발생한다. 난로를 피우고 연기 나가라고 문을 활짝 열어놓았는데, 다행히 모기나 날벌레 같은 건 없었다.

저녁을 먹은 뒤 호수 너머로 지는 석양을 감상하며 주변을 산책했다. 목가적인 풍경의 윗마을과 제법 규모가 큰 아랫마을까지 다녀왔다. 평화롭다. 통나무집과 한가롭게 매여 있는 보트들이 휴양지 분위기를 제대로 느끼게 해준다. 마을 사람들이 말을 타고 이동하는 모습도 풍경과 잘 어울린다. 호숫가 산책길이 잘되어 있다. 관광객들이 말을 타는 승마장도 몇 군데 있다.

다음날 아침도 게르 캠프 식당에서 먹었다. 외국인 여행자들이 많이 와서 그런지 아메리칸 조식에 블랙커피와 과일이 나왔다. 속을 든든히 채우고 산책을 나갔다가 관광객들이 말을 타는 것을 보니 구미가 당겨 우리도 말을 타보기로 했다. 자동차 길을 따라 큰 마을 입구까지 가서 야트막한 산을 올라갔다 내려오는 1시간짜리 짧은 코스를 이용했다. 일행들 모두 오랜 여로에 피곤할 텐데도 호기심과 열정 뿜뿜이다.

우리는 갈 곳은 정하고 다니지만 세부적인 시간 계획은 없었다. 쉬고 싶으면 쉬고, 배고 싶으면 배고, 오래 있고 싶으면 시간을 늘렸다. 중간중간 휴게소나 커피숍이나 민가의 게르에 들러 차도 마시고 구경도 하면서 여유만만 여행을 했다. 오늘도 새벽부터 일어나 놀다가 느지막하게 쳉헤르 온천으로 출발했다.

쳉헤르 온천에 몸 담그고
쏟아지는 별 보기

산정령을 모신 어워를 만나다

몽골어로 '푸른'이란 뜻을 가진 쳉헤르(Tsenkher) 온천은 외국 여행자들뿐 아니라 몽골 현지인들도 많이 찾는 인기 휴양지다. 울란바토르에서 비교적 가까운 중서부 지역 아르항가이주 지역에 위치해서 접근성이 좋아서다. 게다가 푸른 산림지대와 자연 유황 온천은 충분히 매력적이다.

쳉헤르까지 장시간 차를 타고 와서 고단한 여행자들이 따뜻한 야외 노천탕에 몸을 담그고 로컬 맥주를 한 잔 마시면 피로가 저절로 풀린다. 온천 규모는 크지 않다. 하지만 낮에는 푸른 하늘과 푸른 숲을 볼 수 있고, 밤에는 쏟아지는 별들을 바라보면서 노천탕에 몸을 담그고 피로를 푸는 호사를 누릴 수 있다. 트레킹과 승마도 할 수 있다.

울란바토르를 떠나 쳉헤르 온천으로 오는 내내 심쿵심쿵했다.

○ 녹색의 정원을 가진 푸른 땅 몽골

요염한 하늘과 구름 때문이다. 완전 미쳤다. 나만 따라 다닌다. 콩닥거리는 가슴이 진정이 잘 안 된다. 그래도 이젠 넓고 푸른 초원과 5축 떼(말, 소, 양, 염소, 야크) 모습이 어느 정도 눈에 익숙한 풍경이 되었다. 사진 찍으려고 차를 멈추는 횟수도 처음보다는 꽤나 줄었다.

그런데 초원 여행 코스의 두 번째 숙박지인 쳉헤르 온천 가는 길은 지금까지 보았던 몽골 풍경과 완전히 다르다. 녹색의 정원을 통과하는 느낌이다. 몽골이 이렇게 푸른 땅이었나? 눈을 비비고 다시보게 된다.

몽골을 여행하다 보면 돌무더기 위에 걸린 깃발들이 만국기처럼 바람에 휘날리는 모습을 자주 만난다. '어워(Ovoo)'라고 부른다. 옛날 우리나라의 서낭당을 떠오르게 한다. 샤머니즘의 자연숭배에서 시작됐지만 지금은 라마불교의 신앙을 상징한다. 호수와 강이나 약수터의 시작점에 있는 건 물정령을 모신 어워다. 높은 산이나 언덕위에는 산정령을 모신 어워가 있다. 사막이나 초원을 여행할 때 길을 찾는 이정표 같은 역할을 하기도 한다.

쳉헤르 온천 가는 길에 커다란 어워가 있어 차에서 내려 몽골 풍속대로 탑돌이도 하고 돌 얹기도 하고 소원 빌기도 하며 즐겼다. 여행을 하다가 어워를 만나면 시계 방향으로 세 바퀴 돈 다음 돌조각을 하나 얹어놓고 소원을 빈다. 그러면 사랑하는 사람과 이곳에 다시 오게 된단다. 돌을 올리지 않고 그냥 가거나 공물이 아닌 돈 올리기, 쓰레기 버리기, 사냥하기, 대소변 보기, 말타기 등은 어워에서 해선 안 되는 금지 행위다.

○ 산정령을 모신 어워

모든 죄를 사해주소서!

쳉헤르 온천에 도착하자마자 우리 일행은 달걀을 한 판 사 들고 올라가서 김이 모락모락 올라오는 노천수에 담갔다. 달걀이 익는 동안 근처를 돌아보니 티베트 불교의 마니차(摩尼車, 마니 락 꼬르)가 눈에 들어왔다. 마니차는 경전을 넣은 경통이다. 마니차를 한 바퀴 돌리면 불경 한 권을 읽은 것과 같다고 한다.

마니차를 돌리면서 주변을 돌면 모든 죄가 사해지고 극락에 갈 수 있다는 속설을 오늘만은 믿기로 했다. 그동안 살아오면서 워낙 지은 죄가 많은지라 더 많이 반성하며 진심을 다해 돌았다. 그렇게 달걀이 익기를 기다리는 동안 마니차를 돌리면서 켜켜이 쌓인 죄가 사해지길 빌었다. 몸도 마음도 머리도 새로워진 거다. 이거 너무 편리한 거 아니야? 하지만 만세다. 난 오늘 복 받은 거다.

○ 쳉헤르 온천수 발원지

○ 쳉헤르 온천수에 삶은 달걀

○마니차

옛날에는 글자를 모르는 사람들이 대부분이라 불경을 읽을 수가 없었기에 마니차 돌리기로 신앙심을 고취시킨 거란 걸 안다. 그럼에도 얍삽하게 아전인수로 갖다 붙여서 죄 사함을 받고 극락 갈 거라고 쌩쏘하는 내가 웃기기도 하고 가소롭기도 했다. 그래도 어쨌든 기분 전환이 됐고 재미있었으니 그걸로 오케이다.

사진도 찍고 희희낙락하면서 마니차 돌리기를 마치고, 온천수 발원지에서 삶은 달걀을 일행과 나누어 먹으니 색다른 맛과 재미가 느껴졌다. 유황천에서 익은 탓에 껍질을 벗기니 우리나라 찜질방에서 파는 맥반석 달걀처럼 흰자까지 약간 노란색이었다.

노천탕에서 누리는 황홀한 시간

상류 쪽에 있는 온천수 발원지는 작은 규모였지만 마을에는 10여 개의 캠프들이 노천 온천탕과 샤워실과 게르 숙소(일반 호텔처럼 콘크리트로 지어진 숙소도 있다)를 잘 갖추고 성업 중이었다. 시설과 가격과 서비스는 약간씩 차이가 있지만 어느 캠프든 하루 정도 묵기에 무난해 보였다.

온천수 양은 적고 캠프는 많다. 또한 상당한 거리가 있어서 온천수를 끌어오는 일이 쉽지 않다. 각 캠프마다 파이프를 연결해서 끌어다 쓴다. 예전에는 뜨거운 온천수를 끌어와 식혀서 공급했다는데 지금은 사정이 여의치 않다. 최근에 지어진 캠프는 좋은 취수부를 확보하지 못해 필요한 온천수를 충분히 끌어오지 못하고 물이 중간에 식어버리기도 한단다. 그래서 보일러로 데우거나 일반 온수와 섞어서 제공한다. 온천수 발원지에 파이프를 바로 연결해 온천탕까지 연결해서 자연수를 제공하는 곳은 지구르 캠프 정도다.

우리나라 온천 지역도 온천수는 한정되어 있는데 숙박업소와 온천탕들이 우후죽순처럼 들어서서 결국에는 온천수가 고갈되는 바람에 손님의 발길이 끊기는 상황에 처했었다. 몽골 온천의 장래가 은근 걱정이 된다.

온천수는 믿을 만하다. 설악산 온천수랑 비슷하다. 물에서 유황 냄새가 난다. 노천탕은 온도별로 구분되어 있다. 살이 벌게질 정도로 뜨거운 물부터 미지근한 물까지 다양하다. 주변이 산으로 둘러싸여 있고 나무가 많아서 공기가 맑고 상쾌하다. 피톤치드를 제대로 흡입한다. 온천을 하고 나면 피부와 머릿결이 보들보들해지는 느낌을 경험할 수 있다. 탕에 들어갈 때는 반드시 수영복을 착용해야 한다.

노천탕 안에 들어가 있으면 낮에는 파란 몽골표 하늘과 초원, 말, 전통 게르의 풍경이 한눈에 들어온다. 게르 캠프 바로 옆에서는 매의 무리가 낮게 날아다닌다. 밤에는 노천탕에 앉아 쏟아지는 별들

○ 쳉헤르 온천 게르 캠프

을 보면서 잠시 외계 체험을 하는 듯한 황홀함을 누린다.

　일행 중에 한 분이 한국의 온천을 생각하고 쳉헤르에 개인적으
로 갈 수도 있지 않겠냐고 물었다. 가이드는 고개를 절레절레 흔들

면서 비추란다. 물론 개인적으로 갈 수도 있다. 하지만 온천만 하겠다고 힘들게 거기까지 가는 건 무리다. 차량을 이용해 어기노르 호수, 쳉헤르 온천, 카라코룸, 미니고비사막 등을 한꺼번에 돌아보는 투어를 추천한다.

그래도 꼭 대중교통으로 가고 싶다면 방법은 있다. 울란바토르에서 시외버스를 타고 아르항가이주의 도청 소재지인 체체를렉으로 간 다음 택시나 오토바이를 타야 한다. 온천까지 가는 대중교통편은 없다. 20km 정도의 오프로드를 달려가는데, 가격은 기사와 따로 흥정을 해야 한다.

게르촌의 가격도 계절과 예약 상황에 따라 들쑥날쑥이다. 여기서도 흥정은 필수다. 영어가 전혀 안 통한다. 울란바토르와 달리 지방 사람들은 번역기 앱을 쓸 줄 모르는 경우가 많다. 흥정을 하려면 보디랭귀지와 계산기 신공을 발휘해야 한다.

쳉헤르의 아침은 싱그럽고 따사롭다. 조식은 유럽식과 몽골식 중에서 선택 가능하다. 우리 일행은 유럽식 조식을 주문했다. 빵과 버터, 잼, 치즈, 소시지, 스크램블드에그, 주스와 커피, 과일이 나왔다. 식사를 마치고 자유 시간을 갖기로 했다. 푸른 산을 올라가 보고 싶었던 나는 서둘러 도트산 트레킹을 했다. 일행들은 게르 캠프 주변을 산책하거나 전날 예약한 1시간 말타기를 했다. 모두가 만족했다. 점심식사는 이동하면서 중간에 하기로 하고 짐을 꾸려 미니고비사막을 향해 떠났다.

초원에서 만나는
미니고비사막, 엘승타사르하이

고비사막 대신 미니고비사막

남쪽 멀리에 있는 고비사막을 가보지 않고도 사막 체험을 할 수 있는 곳이 있다. 울란바토르에서 서쪽으로 400km 정도 떨어져 있는 엘승타사르하이(Elsen Tasarhai)이다. '잘게 부수어진 모래'라는 의미다. '바양고비' '미니고비'라고도 불린다.

중부 코스는 초원 여행지지만 군계일학처럼 아담한 사막이 가로 5km, 세로 70km 정도의 규모로 펼쳐져 있다. 사막인데도 주변에 초원과 하천이 서로 어우러진 특이한 진풍경을 볼 수 있다. 황무지의 모래가 계속 날아와 사막 지역이 점점 넓어져가고 있다.

이곳은 오래전부터 알려진 곳이라 인프라가 잘돼 있어서 인기가 높다. 게르 체험, 밤하늘 별 감상, 승마, 낙타 타기, 모래썰매 타기, 일몰 감상, 트레킹 등 다양한 볼거리와 즐길 거리가 있어 호평을 받는다. 오고 가는 길에 몽골제국의 옛 수도인 카라코룸(Kharakorum)을

○ 환하게 웃는 귀여운 낙타

볼 수 있어 일거양득이다. 라마불교 사원인 에르덴조(Erdene Zuu)도
볼 수 있다.

현지인 게르 숙박의 즐거움

나는 아프리카와 남미 등지에서 규모가 큰 사막들을 경험해봤
다. 그래서 미니고비사막에 갔을 때 처음에는 규모가 작아서 살짝
실망하기도 했다. 그러나 낙타도 타고 승마도 하고 석양을 감상하
면서 색다른 재미를 느꼈다. 사막이 초원과 나란히 있고 개천이 사
막을 따라 흐른다는 게 신기하기만 했다.

미니고비사막에서는 동행한 운전기사의 지인이 운영하는 게르

○ 발전기를 돌리는 아빠와 장난꾸러기 큰아들　　○ 문 뒤에 숨은 부끄럼이 많은 작은아들

에 묵었다. 자신이 살고 있는 게르 옆에 민박용 게르 두 채를 지어 성수기에만 소규모로 운영하고 있다.

　젊은 부부가 모두 잘생겼다. 5살, 6살 된 두 아들과 함께 살고 있었다. 부부는 성수기가 끝나면 눈이 오기 전에 게르를 접고 도시로 가서 산다고 했다. 부지런한 젊은 부부는 게르 내부를 아주 깔끔하게 잘 관리 유지했다. 몽골식 식사도 정갈하고 맛났다. 야외 화장실이지만 뚜껑을 덮어 청결하게 관리하고 있었다.

　남편은 발전기를 돌리고 차로 멀리서 물을 실어나르고 화목 난로를 피워주고 말과 낙타 예약을 해주느라 바빴다. 부인은 손님들 식사와 간식을 준비하느라 아이들하고 놀아줄 틈이 없었다. 엄마 아빠가 바쁜 걸 아는지 아이들은 우리 일행 뒤를 졸졸 따라다녔다.

○ 소박하지만 편안하게 묵었던 민박용 게르

밖에서만 놀아서 볼이 빨개진 아이들의 눈에서 순박함이 뚝뚝 떨어졌다.

그곳에서 영업용 게르에서는 느낄 수 없는 신선한 경험과 재미를 맛봤다. 발전기로 잠깐 들어오는 전깃불, 빨갛게 타오르는 화목난로, 물티슈로 하는 고양이 세수, 몽골식 집밥, 몽골 꼬마들과 뛰어놀기 등 관광객용이 아닌 현지인 게르 숙박은 특별한 추억을 만들어주었다. 특히나 한밤중에 야외 화장실에 가다가 졸린 눈을 비비며 넋 놓고 바라본 밤하늘의 총총한 별들은 최고였다. 오래 잊지 못할 것 같다. 그곳에서는 별이 참 가깝게 보인다.

○ 먹구름 아래로 비가 내리고 있다.

게르에서 둘러보면 사방으로 지평선이 맞닿아 있었다. 사막 지역은 날씨가 맑은데 저 멀리 보이는 초원지대의 하늘은 먹구름으로 뒤덮여 있었다. 게르 바깥주인이 그쪽은 강한 비가 내리고 있는 거라고 설명해주었다.

낙타 탈 때 준비사항 및 주의할 점

낙타 체험 비용은 25,000투그릭(1만 원 정도)로 비싸지 않다. 말이나 낙타를 타고 싶으면 가이드나 게르 주인을 통해 요청하면 몽골인 안내자가 숙소 앞까지 와서 도와주고 다 마치면 숙소 앞까지 데려다준다.

낙타는 말보다 높아서 멀리 볼 수 있고 천천히 걸어 풍경을 감상하기 좋다. 말처럼 고삐가 있는 게 아니라서 낙타봉을 붙잡고 가야 한다. 많이 흔들려 떨어질까봐 겁을 먹게 되는데 전혀 염려하지 않아도 된다. 안내자가 낙타 고삐를 붙잡고 2열로 인도해서 간다. 초보자가 제일 놀라는 경우는 타고 내릴 때다. 낙타가 앞발을 꿇는데 몸이 휘청거릴 정도로 흔들린다. 갑자기 털썩 주저앉고 벌떡 일어서는 것 같지만 주인의 지시와 통제를 받기 때문에 걱정하지 않아도 된다. 낙타봉만 잘 붙잡고 있으면 된다. 다만 낙타를 타거나 근처에 있을 때 큰 소리는 금지다. 낙타가 놀라면 제어하기 힘들고 자칫 부상당할 위험에 처할 수 있다.

낙타를 탈 때는 짧은 바지나 치마는 입지 말아야 한다. 화려한 원색 옷을 입으면 사진이 잘 나온다. 낙타는 냄새가 심하게 나고 털이 많이 빠져서 옷이나 몸에 잘 묻는데 털어내기도 힘들다. 슬리퍼는 벗겨질 위험성이 있다. 운동화를 착용하고 안장 발걸이에 딱 맞게 넣어 고정시켜야 안전하다. 낙타봉을 잡아야 하니 목장갑을 준비하는 게 좋다. 두 손으로 낙타봉을 잡으므로 휴대폰을 손에 들면 안 된다. 가끔은 사진도 찍어야 하니 스트랩을 준비하면 편리하다. 모자도 필수다.

말과 낙타를 타고 선셋을 보러 갈 때는 일행 한 명이 컨디션이 좋지 않아서 못 갈 상황이었는데, 고맙게도 게르 안주인이 자기 승용차에 태워서 선셋 포인트까지 데려다주고 사진도 찍어줬다.

어르헝 폭포

게르 주인장으로부터 근처에 있는 어르헝 폭포에 대한 정보를 들었다. 평야지대에 있는 커다란 폭포인데 무지개가 자주 핀다고 한다. 평야지대에 폭포라니! 가보고 싶었지만, 아쉽게도 우리가 타고 온 밴이 이미 예약이 돼 있어 포기하고 말았다. 일정을 줄이는 건 몰라도 늘려서 바꿀 수는 없었다.

화산 폭발로 촐로트 협곡이 생겼는데, 거기에 어르헝 강이 흐른다. 어르헝 폭포는 어르헝 강 줄기에 있다. '올랑 초트갈랑 폭포'라고도 불린다. 몽골에서 가장 큰 폭포이다. 높이는 약 23여m에 폭은 10m 정도다. 폭포 위로 올라가면 발아래로 펼쳐진 무지개를 볼 수 있다. 보통은 무지개를 올려다보는데 이건 색다른 것 같다. 이곳에서 수영도 할 수 있고 짚라인도 탈 수 있다. 오후에 가면 폭포 쪽으로 해가 넘어가는 진귀한 일몰 풍경을 감상할 수 있다고 한다. 다시 쳉헤르와 미니고비사막을 간다면 어르헝 폭포를 방문하고 싶다.

○ 절벽 아래로 쏟아지는 어르헝 폭포. 가이드 아무라 제공

천하를 호령했던
제국의 심장, 카라코룸

사라진 몽골제국의 본거지

카라코룸(현재 지명은 하르허린, Harhorin)은 몽골어로 '검은 숲길'이란 의미다. 몽골제국의 본거지로 13세기 수도였던 곳이다. 지금은 대제국의 영화는 흔적도 없이 사라졌다. 박물관과 라마불교 사원, 108개의 하얀 탑으로 둘러싸인 성터가 있을 뿐이다. 2004년 유네스코에 카라코룸 유적지 및 에르덴조 사원 등이 세계문화유산으로 등재되었다. 그래도 몽골제국의 번성과 영화를 기억하는 사람들에게 도시의 모습은 안타깝기만 하다. 크기와 규모뿐만이 아니라 남아 있는 유적도 거의 없기 때문이다.

칭기즈칸은 전 세계인이 공유하는 대서사가 되었지만 그 이후의 이야기는 모두 미스터리처럼 흐릿하게 사라졌다. 심지어는 칭기즈칸의 무덤조차 어디에 있는지 모른다. 역사가 아니라 전설처럼 그때 그랬었다고 전해질 뿐이다.

○ 카라코룸 박물관 입구

　일본이 지어준 박물관과 16세기에 세워진 에르덴조 사원이 볼거리다. 오히려 주변에 있는 전망이 멋진 계곡의 승마 트레킹 코스와 나이만호, 어르헝 후르프레 폭포 그리고 미니고비사막을 찾는 여행객들이 더 많다.

　나는 천하를 호령했던 제국의 심장을 현장에서 느껴보고 싶었다. 가면서도 잠깐 들러서 사진을 찍었지만 올 때는 여유를 가지고 돌아보았다. 흙먼지 날리면서 내달리는 몽골 기마병의 말발굽 소리를 느끼고 싶었다.

　카라코룸은 1220년 칭기즈칸이 수도로 건설하라는 명령을 받아 그의 아들인 오고타이 시기에 완성되었다. 아시아 전역과 유럽의 상인, 고위 관리, 기술자들이 모여드는 활기찬 도시였다. 행정 교역

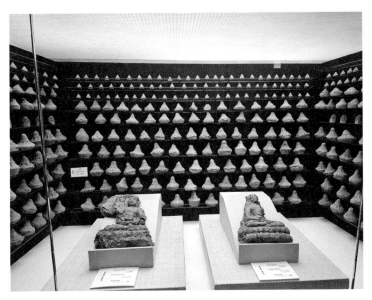

○ 카라코룸 박물관 내 전시품

문화의 중심지였을 뿐 아니라 유럽과 아시아를 잇는 접점이기도
했다.

　재미난 건 몽골인들은 카라코룸에 거의 살지 않았다는 것이다.
그들은 수킬로미터 떨어진 스텝지대의 게르에서 사는 걸 더 선호
했기 때문이다. 도시에는 주로 장인, 학자, 종교 지도자와 외국인 포
로들이 살았다. 당시 도시 전체에 성벽을 쌓았는데 동서남북으로 4
개의 성문이 있었다. 성문마다 시장이 있었다. 곡식, 염소, 황소와
사륜마차, 말 시장이었다. 시장은 도시 번성을 상징한다. 쿠빌라이
칸이 수도를 베이징으로 이전하면서 40년간 번영을 누렸던 도시는
저물었다. 1388년 만주족에 의해 완전하게 파괴되어 역사의 어둠
속으로 사라져버렸다.

○ 정문과 108탑 성벽

제대로 된 라마불교를 만나다

당시 몽골의 칸들은 모든 종교에 관용적이었다. 카라코룸에는
12개의 종교가 공존했다. 모스크, 불교사원, 네스토리우스파 교회가
몽골인들에게 포교를 했다. 심지어 칭기즈칸의 셋째 아들 오고타이
칸의 아내와 칭기즈칸의 손자이자 원나라를 세운 쿠빌라이칸의 어
머니는 기독교 신자였다.

1586년에 알타이칸이 세운 에르덴조는 몽골 최초의 불교 사원
이다. 사원으로서의 문화적 가치도 있지만 옛 몽골제국의 궁궐터에

○ 화려한 전통 복장 델을 차려 입고 사진을 찍는 신혼부부와 가족 여행자

세워진 사원이라는 점에서 주목을 끈다. 즉 궁궐터는 사라지고 사원만 남았다는 의미가 있다. 방치와 번영을 반복하다가 1937년 스탈린의 대숙청 시기에 완전히 폐허가 됐다. 당시 경내에는 100여 채의 사찰과 300채의 게르가 있었으며 전성기에는 1,000명의 승려가 거주했다고 한다. 사찰은 단 3채를 제외하고 모두 파괴되었고, 수많은 승려가 죽음을 당하거나 시베리아 강제 노동 수용소로 보내졌다.

오랜 종교 암흑기를 거쳐 16세기에 이르러 주요 사찰들이 지어

○ 에르덴조 사원

졌다. 벽화, 공예품 등은 18세기에 만들어졌다. 웅장한 유적은 없지만 몽골제국의 옛 궁궐터를 밟았다는 것만으로도 가치 있는 시간이었다. 라마불교 사원과 승려를 직접 보았다는 것도 의미가 있다. 티베트를 찾아가지 않는 한 지구상에서 제대로 된 라마불교를 만날 수 없기 때문이다.

최근에 만들어진 사원의 외곽은 하얀 성으로 둘러싸여 있다. 그 사이에 108개의 탑이 세워져 있다. 낯설지만 신비하고 아름다웠다. 오래된 불교 유물들은 사원 내부에 전시되어 있는데, 아쉽게도 내부는 촬영 금지(돈 내면 가능)라서 외부 전경만 찍을 수 있다.

사원 안팎에는 여러 형태의 마니차 장대가 있다. 통을 한 바퀴 돌리면 죄가 사해지고 소원이 이루어진다고 하니 면죄부 사는 것처럼 쉽고 편리한 유혹이다. 많은 사람들이 진심을 담아 통을 돌리며 소원을 빈다.

한참을 구경하다 보니 아쉬움과 안타까운 마음은 금세 잊혀지고 배고픔이 밀려왔다. 강가로 가서 자리를 펴고 삼겹살을 구워 먹으며 여행의 먼지를 씻어냈다. 포만감은 바로 행복이다. 강이 내려다보이는 널찍한 초원에 돗자리를 깔고 따뜻한 햇살을 받으며 잠시 오수를 즐겼다. 눈을 뜨고 강물을 내려다보니 3박 4일이 한여름 낮잠 속의 꿈같이 느껴졌다.

3 너무나 매혹적인 남부 고비사막 코스

울란바토르 → 차강 소브라가 → 고비사막(홍고린엘스) →
욜린암 → 바양작 → 울란바토르

몽골의 그랜드캐니언,
차강소브라가

길 위에 펼쳐지는 낭만 몽골

울란바토르에서 고비사막까지는 직선거리로 714km지만 실제 주행 거리는 900km 정도다. 사막과 초원길에서는 앞차를 따라가도 어느새 바퀴 자국이 사라지고 없는 경우가 많아서 왕복 1,800km를 잡는다. 오프로드가 힘이 들기는 하지만 지루할 틈이 전혀 없다. 망망대해같이 드넓은 사막과 광활한 초원의 풍경에 퐁당 빠져서 시간을 잊어버리고 만다.

몽골의 앙꼬는 유명한 핫플이 아니다. 길 위에 펼쳐지는 풍경과 신선한 바람이 더 매력 덩어리다. 비포장길, 초원길, 구멍 파인 포장길을 달려야 한다. 빨래판 길, 너덜길, 방구 길, 물웅덩이 길, 흙먼지 길, 공사 길, 양 떼 길, 풀밭 길, 모래 길 등등을 지난다.

그래서 낭만 몽골을 제대로 즐기려면 열정과 체력이 필요하다. 2023년도 몽골 여행자 중 MZ세대가 56%라는 기사가 나온 적도 있었다. 다시 말해 몽골은 청춘들의 여행지다. 고로 나도 청춘이다 (마음만~).

외계인이 살고 있을 듯

일행 3명에 가이드 1명, 운전자 1명 총 5명이 고비사막을 향해 출발했다. 운전자는 현지 교민인 정 사장이다. 정 사장은 몽골에 10년 넘게 살았지만 고비사막은 못 가봤다고 했다. 최근에 고비사막이 가장 핫한 여행지로 떠오르는 걸 보고 자기도 가보고 싶어 함께 나선 것이다. 정 사장의 차는 사륜구동 SUV인 엑스트레일(X-TRAIL)이라서 쿠션이 좋아 피로감을 별로 느끼지 못했다. 만약 푸르공을 타고 갔으면 궁뎅이가 거덜 났을 듯하다.

첫날 목적지는 차강소브라가다. 울란바토르에서 400km가 넘는 거리를 9시간 이상 가야 한다. 가는 길에 갑자기 콩알만 한 우박이 쏟아졌다. 달리는 차 지붕을 세차게 두드렸다. 우레가 치는 것 같았다. 차강소브라가에 도착하자 우박은 그쳤는데 이번엔 모래바람이 엄청나게 불어 댔다. 바람에 실린 모래가 볼을 때리면 따가울 정도였다. 눈을 뜨기도 어려웠다.

그러나 우리는 자랑스런 구경의 민족이다. 맞바람을 온몸으로 밀면서 단애 끝부분까지 이동했다. 눈 아래 놀라운 광경이 펼쳐졌다. 차강소브라가는 석회암 지대의 해수면이 융기(隆起)되어 만들어진 단애다. 바다였던 곳이 솟아올라 황톳빛 기암절벽을 만들어낸 것이다. 몽골의 그랜드캐니언이라고 불린다. 걸어서 아래쪽 평지까지 내려가보려고 했지만 강풍으로 포기할 수밖에 없었다. 아쉬움을 달래고자 열심히 사진을 찍어 댔다.

외계인 마을에 온 것 같았다. 아름다웠다. 아무런 생각도 들지 않았다. 그냥 감탄사가 절로 터져나왔다. 압도감과 신비감이 눈을 즐겁게 하는 곳이다.

차강소브라가의 몽골어 뜻은 '하얀 사리탑'이다. 믿음이 강하면 황토색도 하얗게 보이나 보다. 라마교도는 믿음이 강해 눈으로 보이는 색깔이 아니라 신앙의 색깔을 믿는 것 같다.

몸이 밀릴 정도로 바람이 더 세차게 불고 눈을 뜨기도 어려운데도 행복한 건 뭐임? 우리는 일단 게르로 가서 쉬기로 하고 아쉽지만 좀 일찍 자리를 떴다.

"여행은 경치를 보는 것 이상이다. 변함없이 흘러가는 무료한 생활에 대한 변화다."

- 미리엄 브래드

장엄하고 황량한 땅

다음날 오전에 차로 단애 아래쪽을 돌아보았다. 다행히 이날은 바람도 안 불고 햇살도 따뜻했다. 날씨가 변화무쌍하다. 올려다보니 위에서 내려다볼 때보다 더 장엄하고 멋졌다. 황량한 땅에서 도롱뇽 같은 작은 생물들이 살고 있었다. 충분한 시간을 가지고 계곡과 언덕을 트레킹했다. 전날의 고생과 아쉬움을 충분히 보상하고 남을 만큼 만족스러운 시간을 보냈다. 이곳은 전기도 없고 인터넷도 안 되는 곳이다. 그럼에도 불편함보다는 충만감을 느꼈다.

어둠이 내리자 별이 총총했다. 몸은 피곤한데 잠이 오지 않았다. 별 사진을 찍어보겠다는 야심을 누를 수가 없었다. 차가움을 무릅쓰고 한밤중에 몇 번을 게르 밖으로 나갔다. 아쉽게도 제대로 된 사진은 못 건졌다. 천둥 번개가 치는 잔뜩 찌푸린 날씨 땜에 길게 뺀 목만 고생했다. 잠을 설쳤지만 머리는 개운하다. 오길 잘했다!

노래를 부르는
매혹적인 고비사막

뇌쇄적인 곡선 미학

고비사막은 아름다웠다. 전에 가봤던 아프리카의 사하라사막이나 나미브사막도 좋았었다. 남미의 와카치나사막과 오아시스도 멋졌다. 중동의 황량한 사막도 강인한 멋이 있어서 좋았었다. 그런데 고비사막은 훨씬 더 예쁘고 사랑스럽고 정감이 간다. 안아주고 싶어진다.

고비사막은 노래를 한다. 밀가루처럼 부드러운 모래라서 발자국 자리가 깊게 파인다. 바람이 불어와 금세 그 자리를 메워준다. 모래가 덮여서 발자국을 메워줄 때 들리는 사르르 사르르~ 소리가 수면 음악 같다. 모래 위에 누워서 낮은 허밍음을 들으면 천상의 소리 같다. 세상만사를 다 잊게 된다. 굴곡진 능선은 '뇌쇄적'이다. 최고의 곡선 미학을 보여준다.

맨발로 모래 언덕을 오르는 일은 힘들다. 다행인 건 모래가 뜨겁

기는커녕 시원하다는 거다. 이곳은 뜨겁지 않은 사막이다. 바람에 파여서 생긴 작은 웅덩이들은 한 폭의 멋진 추상화다. 황금색 웅덩이에 햇살과 그림자가 모아져 오묘한 조화를 이룬다. 김창열 화백의 물방울 그림의 다른 버전 같아 보인다.

○ 고비사막 입구

　올라가다가 발자국에 파인 웅덩이 옆에 앉아 바람과 모래가 작은 목소리로 부르는 노랫소리에 귀를 기울이면 행복과 평안에 스르르 눈이 감긴다.

　서로 사진을 찍어주면서 능선 위로 올라갔다. 모래에 발이 푹푹 빠져서 힘이 들었다. 그러나 힘들게 모래 능선 꼭대기에 올라가서 주변을 돌아보니 와우 소리가 절로 나왔다. 특히 반대편에 펼쳐지는 생경한 풍경에 탄성이 저절로 터져 나온다. 부드럽게 펼쳐진 사막은 외계 행성에 온 것 같은 착각을 불러일으킨다.

　더구나 멀리 펼쳐진 산들은 보노라면 신기함과 놀라움이 절로

○ 사막과 산맥이 함께 달리고 있다.

생긴다. 사막과 산맥이 함께 달리고 있다. 올라온 방향으로 고개를 돌리면 작은 강이 흐른다. 이런 특이한 환경의 사막은 난생처음이다. 오랜만에 가슴이 빠르게 뛰었다.

　공작새 같은 고비다. 낮에는 모래 산과 초원과 작은 강 그리고 멀리 펼쳐진 알타이산맥까지 참 다양하다. 어둠이 오면 황홀한 석양과 별이 가득한 하늘을 볼 수 있다. 몽골에 와서 가장 강렬하게 끌린 핫플이다. 강추하고 싶다.

거친 땅 고비에 나무를 한 그루씩 심자

고비의 몽골어 뜻은 '거친 땅'이다. 몽골과 중국에 걸쳐 있는 아시아에서 가장 큰 사막이다. 길이는 남동에서 북서 방향으로 1,500km, 남서에서 북동 방향은 1,610km가 펼쳐진다. 너비는 남북 방향으로 800km다. 면적은 1,295,000km²나 된다. 북쪽은 알타이 산맥과 스텝지대이고 남쪽은 티베트 고원, 동쪽은 화베이 평원으로 둘러싸여 있다. 중국의 내몽골까지 이어진다. 몽골의 서남부에 있는 홍고린엘스 지역 사막은 그중의 일부다. 지구상에서 가장 북쪽에 있는 사막이다.

예쁜 장미는 가시를 품고 있는 법이다. 이쁜둥이 고비의 고운 모래가 편서풍에 실려와 황사를 일으킨다. 한반도와 일본을 건너 멀리 하와이까지 가기도 한다. 한국 관광객들이 몽골에 가면 방사목을 한 그루씩 심는 캠페인을 벌이면 좋겠다는 생각을 했다.

고비에 가는 길에 재미있는 에피소드가 있었다. 주유소에 갔는데 주인이 없어서 주인이 올 때까지 기다렸다. 가까운 곳에는 주유소가 없다. 여기서 기름을 채우지 않으면 차가 모랫길에서 퍼질 수밖에 없다. 어쩔 수 없이 무작정 기다려야 한다. 둘러보니 주유하러 온 차들이 몇 대 서 있다. 발전기에 쓸 기름을 사러 온 사람들이 플라스틱 통을 늘어놓고 기다리고 있다. 현지인들이 휴대폰으로 주인을 열심히 찾아댄다. 1시간 있으면 온단다. 우리는 간식을 꺼내놓고 먹다가 주변을 산책하며 사진을 찍으면 시간을 보냈다. 전혀 걱정하지 않는다. 오늘 중으로 가겠쥬 뭐.

암튼 하루를 꽉 채워서 도착했지만 가는 길에 볼거리가 많고 풍

○ 황량한 이 땅에 방사목 한 그루씩 심으면 어떨까

경이 아름다워서 전혀 지루하거나 힘들지 않았다. 생경한 풍경에 감탄사를 연발한 하루였다. 저녁을 먹고 강과 모래언덕 너머로 지는 석양을 감상하며 하루를 마쳤다.

고비사막에서 생일 미역죽을 먹다

6월 25일은 내 생일이다. "아아 잊으랴 어찌 우리 이날을"이다. 은퇴하고 나서부터는 생일을 집에서 맞은 적이 거의 없다. 대부분 여행하며 해외에서 혼자 지냈다. 가족들의 생일이나 명절에도 영상

통화로 대신했다. 무덤덤해졌다. 가족들도 익숙해져서 그러려니 한다. 그래도 축하 선물을 꼭 챙겨 받는다. 선물은 뭐니뭐니 해도 현금이다. 계좌 이체로 현금을 땡겨서 여행 경비에 보탠다. 마찬가지로 나도 가족들의 생일에 계좌 이체로 생일을 축하해준다.

이번 생일은 몽골의 고비사막에서 맞았다. 하지만 내 생일이라는 걸 일행에게는 알리지 않았다. 지난밤 맥주 한잔 마시면서 나 혼자 생일을 자축하는 술이라고 의미를 부여했었다. 그런데 우연의 일치겠지만 게르 주인이 아침 식사로 미역죽을 주는 게 아닌가. 미역죽은 미역국에 귀리, 다진 고기와 당근 등을 넣어 끓인다. 간단한 아침 식사 음식이란다. 몽골식으로 개량한 미역죽이 낯설지만 5명이 모두 맛나게 먹었다.

○ 고비사막에서 받은 생일상

다 먹고 나서 일행에게 사실은 오늘이 내 생일이라고 알렸더니 가이드인 아무라가 간식으로 챙겨온 초코파이에 성냥을 꽂아 불을 붙여서 가져왔다. 다들 해피 버스데이를 불러줬다. 고비사막에서의 생일 파티, 기쁘고 감사한 시간이었다.

얼음에 뒤덮여 있는
독수리 계곡, 욜린암

한여름에 만나는 얼음 계곡

욜린암(Yolyn Am)은 몽골어로 '독수리의 계곡'이라는 뜻이다. 고비사막으로 가는 길목에 있다. 흥미로운 건 몽골의 한여름인 6월 말에 갔는데도 계곡에 두꺼운 얼음이 덮여 있는 걸 직접 볼 수 있는 사실이다. 해발 2,800m의 고지대에 있는 데다 계곡이 깊어 그늘이 짙기 때문에 가능한 일이다.

러시아 점령 시절에는 도축장과 천연 냉장고로 사용되었다고 한다. 주차장 입구에서 계곡까지는 말을 타거나 걸어서 간다. 차에서 내리면 근처에 관광객을 태워 가려고 말들이 대기하고 있다. 말을 타고 가는 사람들도 있었지만, 나는 색다른 풍경을 제대로 보고 느끼고 싶어 느릿느릿 두리번두리번 쉬엄쉬엄 걸어서 갔다. 30분 정도의 트레킹 코스다. 계곡에는 시냇물이 졸졸졸 흐른다. 6월의 대지는 푸르다.

○ 지구 온난화 현상으로 녹고 있는 얼음

욜린암 계곡 입구에 도착하자마자 서늘한 기운이 느껴졌다. 거대한 얼음 덩어리들이 보였다. 계곡 사이로 얼음 구들장 길이 이어졌다. 사람들이 많이 걸어서 얼음 표면에는 신발 자국들이 가득했다. 그래도 속살은 순백이었다.

겨울에는 10m 두께로 얼음이 얼고 뜨거운 여름에도 6m 이상의 얼음 구들장을 유지한단다. 하지만 지구 온난화 현상으로 이 계곡도 많이 변하고 있다. 얼음 두께가 벌써 반 이상 줄어버렸다.

미끄러지지 않게 발바닥에 힘을 잔뜩 주고 조심조심 얼음 계곡 끝까지 걸어갔다. 눈에도 힘을 잔뜩 주었다. 이곳에 인기 캐릭터 피카츄의 실제 모델인 새앙토끼가 서식한다기에 혹시나 그 '삐까(Pika, 새앙토끼의 영어 이름이다. 삐~까~ 하고 운단다)'를 볼 수 있을까 해서다. 삐까

○ 목조로 된 4인실 독립 주택

○ 온수를 공급하기 위한 태양열판

는 못 만났다. 대신 내 마음속에 동심(童心)이 남아 있다는 걸 확인했다. 아쉽지만 그걸로 만족하기로 했다.

언제 들어도 좋은 사람 사는 이야기

이날 저녁에는 게르가 아니라 목조로 된 4인실 독립 주택에서 잤다. 샤워장이 따로 있는데 더운물이 나온다. 며칠 만에 샤워를 하니 몸이 개운했다.

정 사장과 칭기스 맥주를 마시며 늦게까지 몽골살이 얘기를 들었다. 칭기스 맥주는 그날 처음 마셔봤는데 쌉쌀한 맛이 인상적이다. 유명한 명소를 보는 것도 좋지만 현지에서 살아가는 이야기를 듣는 게 더 재미있다.

사실 100개국 이상 여행했더니 아무리 좋은 걸 봐도 가슴이 딱딱해졌는지 감동이 무뎌졌다. 그 대신 사람 사는 얘기를 듣거나 현지인의 생활을 직접 경험하면 잠들었던 호기심과 흥미가 되살아나서 두 눈이 반짝반짝해진다.

공룡의 땅
불타는 절벽, 바양작

쓸쓸하게 예쁜 아기 공룡 둘리의 고향

4박 5일간의 고비사막 투어 마지막에 들른 바양작(Bayanzag)은 '불타는 절벽'으로 불린다. 처음에 얼핏 보면 몽골의 그랜드캐니언이라 불리는 차강소브라가와 비슷하다. 바양작의 원래 뜻은 중앙아시아가 원산지이고 고비사막에 많은 삭사울 나무를 가리킨다. 이름에서 알 수 있듯이 이 지역은 삭사울 나무가 많았다고 한다.

과거 소련 시절에 이 지역의 숲이 파괴되었고 지구 온난화로 사막화가 진행되다가 최근 10년 동안 급속도로 황폐화되었다. 모래가 많이 날아와 퇴적되어서 나무가 자라기 점점 힘든 환경이 되고 말았다. 사암인 바양작 절벽의 규모가 계속 줄어들고 있다. 실제로 단애 끝에 가까이 다가가 보면 무너진 자리가 많아 위험할 정도다.

바양작은 고대 공룡 서식지였다. 1922년에 미국인 탐험가 체프먼 앤드루스(영화 〈인디아나 존스〉 주인공의 실제 모델)가 이끄는 고고학자들

○ 바양작 입구 안내판

이 이곳에서 대규모 발굴 작업을 진행했다. 그때 이곳에서 100여
개 이상의 공룡 화석이 발견되고 언론에 대서특필되면서 처음으로
세상에 알려졌다.

그때 발굴팀이 '불타는 절벽'이라는 참 멋진 이름을 붙여주었다.
대신 발굴한 모든 공룡 화석과 뼈 등을 미국으로 실어갔다. 현재 뉴
욕의 자연사박물관에 전시 보관되고 있다.

2억 년 전 백악기에 아기 공룡 둘리가 놀던 땅이다. 지금은 사막
화되어 거칠고 붉은 풍경의 절벽만 볼 수 있다. 잠시 상념에 빠졌
다. '둘리의 고향'은 쓸쓸하게 예뻤다.

단애 끝에 서서 황량한 들판을 바라다보다가 문득 이집트의 아
스완 댐 근처에 있는 아부심벨 신전에 갔을 때의 기억이 떠올랐다.

○ 바양작 입구에 있는 공룡 모형　　　　○ 불타는 계곡 안내판

1959년부터 이집트의 아스완 댐 건설이 시작되었다. 고대 유물 유적들이 수몰 위기에 처했다. 유네스코가 나섰다. 유럽, 미국, 일본 등 부자 나라들이 돈과 기술을 댔다. 수몰지 근처 언덕 위에 아부심벨 대신전을 옮겨서 원래 것과 똑같이 지어주었다. 대신 수몰될 수많은 유물을 물주 국가들이 챙겨갔다. 유럽에 갔더니 아프리카를 비롯한 식민지 나라들에서 줍줍해 온 유물이 많은 걸 보고 씁쓸했던 기억이 겹쳐졌다.

　그나마 바양작에 들어가기 전에 있는 작은 전시실에서, 100여 년 전 발굴 당시의 흑백 기록 영화를 보면서 공룡의 흔적을 더듬어 볼 수 있어서 다행이었다.

○ 수레에 짐 실어서 게르에 나르는 중. 대부분 게르 관리인이 날라다 준다.

낙타 인형은 바양작이 최고

주차장에서 바양작으로 올라가는 길 양옆으로 기념품 가게들이 많이 있다. 몽골 여행에서 가장 인기 있는 낙타 인형을 구입하는 장소로 소문나 있다. 일단 올라가면서 대충 둘러보고 가격도 물어보면서 구입할 물품을 점찍어 놓는다. 내려올 때 다른 가게와 비교해서 구입하면 된다.

종류와 가격이 가게마다 약간씩 차이가 있다. 흥정도 가능하다. 나도 여기서 낙타 인형을 샀다. 핸드 메이드라 가격은 약간 비싸지만 선물받은 지인들이 기뻐해서 만족했다.

4 행복한 힐링 여행
북부 흡스굴 호수 코스

울란바토르 → 흡스굴 호수 → 울란바토르

1,000km를 달려 도착한 어머니의 바다

몽골 최장거리 여행지

김쌤의 지인 8명이 와서 흡스굴(Khuvsgul)을 간다기에 합류했다. 경비는 역시 1/n이다. 일행 10명에 운전기사와 한국어를 잘하는 가이드 아무라까지 총 12명이 이동해야 한다. 비행기로 가는 방법이 있지만 10명이 이동하기에는 번거롭다. 좀 더 여유롭고 편하게 가기 위해 대형버스를 예약했다. 처음에는 리무진 버스를 알아봤는데 성수기라서 차를 구할 수 없어 일반 관광버스를 대절했다.

울란바토르에서 흡스굴 호수까지는 1,000km 정도 거리다. 길이 포장이 돼 있기는 하지만 상태가 엉망이다. 도로 관리가 전혀 안 돼 있어서 노면 파손이 심하다. 심지어 어떤 구간은 수킬로미터 도로가 폐쇄되어 있어 흙먼지 풀풀 날리는 황무지 길로 돌아가야 했다. 게다가 웅덩이가 많아서 일행 중 허리가 약한 사람은 매우 힘들어했다.

○ 흡스굴 가는 길에 만난 양 떼

중간에 숙박하지 않고 버스로 곧장 가도 12시간 이상 걸린다. 우리는 가고 오면서 하루씩 중간 도시에서 자고 쉬기로 했다. 중간에 하루씩 쉬지 않아도 되지만 무리하지 않고 좀 여유 있게 일정을 잡았다. 흡스굴에서 2박을 하니 총 4박 5일이 걸렸다.

세계에서 가장 맑은 호수

흡스굴은 '파란 물'이라는 뜻이다. 물이 귀한 몽골인들에겐 소중하고 대단한 호수다. 젖줄이고 생명수다. 이곳은 유목민들이 신성

○ 흡스굴 호수

시하는 호수다. 몽골인들은 흡스굴 호수를 '어머니의 바다'라고 부른다.

호수의 규모가 어마어마하다. 면적은 2,760km², 최대 길이는 136km, 최대 너비는 36.5km, 최대 수심은 267m, 평균 수심은 138m다. 제주도의 1.5배나 된다. 세계에서 14번째로 큰 호수다.

흡스굴이 유명한 건 크기가 아니라 세계에서 가장 맑고 깨끗한 호수이기 때문이다. 러시아 바이칼 호수 남쪽 끝에 위치해 있다. 그래서 바이칼 호수와 묶어 '자매 호수'라고 부른다.

몸과 마음이 맑아지는
치유와 회복의 땅

여름에도 핫팩이 필요한 곳

흡스굴 호수에 갈 때는 여행 시기를 잘 선택해야 한다. 북위 50도 이상에 위치해 있기 때문에 초여름이나 늦여름에는 쌀쌀하다. 여행 적기는 7월이나 8월 중순의 한여름이다. 이때는 몽골인들도 흡스굴로 장기간 피서를 많이 온다. 한여름에도 해가 떨어지면 기온이 뚝 떨어지기 때문에 난로를 피워야 한다.

여행을 준비할 때는 따뜻한 침낭, 담요, 핫팩 등의 방한용품을 챙기는 게 좋다. 또한 침엽수림이 넓게 자리 잡은 타이가(Taiga) 지대로 국지성 소나기가 자주 오기 때문에 우산이나 비옷을 준비하는 게 좋다. 밤에 잘 때는 캠프 스태프들이 화목 난로를 피워주지만 중간에 꺼지는 경우가 많다.

이때 기온이 급강하하기 때문에 불을 꺼뜨리지 않도록 당번을 정해서 잘 챙겨야 한다. 처음 불이 붙을 때는 연기가 많이 난다. 마

○ 맑은 호수와 신선한 침엽수림

스크를 하거나 잠시 밖에 나가 있는 게 좋다. 흡스굴 여행을 하고
와서 감기에 걸리는 사람들이 많다. 각별히 조심하고 종합감기약을
준비해서 복용하는 것도 방법이다.

신비한 하얀 순록

　흡스굴은 힐링 여행지다. 한여름의 무더위와 도시의 공해를 피
해 맑은 호수와 신선한 침엽수림에서 며칠 지내면 몸과 마음이 상

○ 흡스굴 숙소. 통나무집과 게르가 함께 있다.

쾌해진다. 그야말로 치유와 회복의 호수다. 호수멍, 숲멍, 불멍도 즐길 거리다. 액티비티를 원한다면 수영, 승마, 낚시, 카약이나 모터보트 타기, 주변 트레킹 등을 할 수 있다.

　다음날 아침 일찍 일어나 모터보트를 타고 호수와 섬들을 제대로 찬찬히 돌아보았다. 명불허전(名不虛傳)이다. 왜 몽골 사람들이 이곳을 찾아오는지 알 수 있었다. 특히 하얀 순록이 뛰어노는 모습을 보니 힘들게 온 보람이 있었다. 하얀 눈망울은 신비하기까지 하다. 호수 가운데 있는 작은 섬에 올라가니 사방이 한눈에 들어왔다. 호수가 아니라 마치 바다 같다. 사진으로 찍으니 컬러가 미쳤다. 호

○ 호수에서 수상 액티비티를 즐기는 사람들

○ 하얀 순록

수 투어 후엔 말타기 한 판으로 몸을 풀어주었다.

다르항

흡스굴에서 2박을 하고 울란바토르로 되돌아가는 길에 몽골에서 두 번째로 큰 도시인 다르항에서 하루 묵기로 했다.

다르항은 흡스굴에서 700km 넘게 떨어져 있다. 아침 8시 반에 출발해서 저녁 8시 반에 도착했다. 꼬박 12시간이 걸렸다. 중간에 점심과 저녁을 먹었고, 커피숍이 있으면 들르고, 화장실과 사진 촬영을 하기 위해 여러 차례 버스에서 내린 시간을 다 포함해서다.

다르항에서 울란바토르까지는 250여km를 더 가야 한다. 왕복 약 2,000여km를 4박 5일 동안 다녀오는 흡스굴 여행이 끝나간다. 이젠 나이와 몸을 생각해서 힘든 여행은 하지 말자고 다짐을 여러 번 했었다. 하지만 누가 여행 떠나자고만 하면 생각 없이 반사적으로 따라나서게 된다. 여행 바보 맞다. 그래도 대장정을 무사히 마무리하게 되어 기뻤다.

흡스굴도 대중교통을 이용해서 자유여행을 할 수는 있다. 그러나 프로 여행러나 어드벤처 여행러가 아니라면 비추다. 시간, 돈, 편리성 어느 것 하나 메리트가 없다. 혹시 장기간 머물면서 힐링할 사람이라면 몰라도 말이다.

○ 흡스굴 이동 시에는 인원이 많아 좀 더 편하게 가려고 대형버스를 이용했다.

PART 3

느릿느릿 쉬엄쉬엄
90일간의 Largo 여행

가자
몽골로!

출국장 해프닝

2023년 6월 7일 새벽 5시 반에 알람이 울린다. 나는 이미 눈을 말똥말똥 뜨고 있다. 여행을 떠날 때마다 긴장과 설렘으로 잠을 설치기 일쑤다.

6시 반에 딸이 운전하는 차를 타고 공항으로 출발했다. 7시 반, 인천공항 도착. 출국자들이 바글바글하다. 일본행 승객들과 시간대가 겹쳐서 더 복잡하다. 일본 여행자들이 폭발적으로 늘었다는 게 실감이 된다.

셀프 체크인 후 수화물 보내고 나서 통신사 데스크로 가서 휴대폰 정지 신청을 했다. 본인이 직접 인터넷이나 전화로 신청하란다. 여기는 유심과 로밍 신청 업무만 가능하단다. 2년 전에 출국할 때는 여기서 해줬는데? 그땐 코로나 시절이라 바쁘지 않아서 서비스로 해준 거란다. 전화로 신청하니 티켓을 찍어서 보내란다. 시간이 꽤나 걸린다. 돈이 되는 건 직접 해주고 돈이 안 되는 건 가입자가 알아서 하라는 거 같다.

약간 짜증이 나기도 했지만 여행을 떠나면서 기분 상하고 싶진 않았다. 사실 외국에서 이런 경우를 당하면 나는 절대 투덜대지 않았을 것이다. 통하지 않는다는 것을 알기 때문이다. 한국과 정서가 전혀 다른 외국에서 지내려면 합리적인 기준을 가지고 따지고 들면 힘들어진다. 요상한 상황도 무조건 긍정의 마인드와 미소로 인정하고 수용해야만 한다. 그런데 한국에서는 불평불만을 갖는다. 자기모순이다. 다시 여행 모드로 자세를 바꿔야 한다는 생각이 들었다.

아침 식사를 하고 출국장으로 올라갔다. 딸이 사온 아이스아메리카노를 마시고 나서 작별의 포옹을 했다. 출국장으로 들어가는데 딸이 지켜보고 서서 손을 흔들었다. 아빠가 나이 들어서 혼자 여행을 떠나는 게 좀 짠한 모양이다.

내 나이가 어때서?

50대로 보이는 아재가 여권과 티켓을 살펴보더니 뜬금없이 물었다.

"몇 년 생이세요?"

잠시 벙쪘다. 이런 질문은 처음이다.

"5×××××"

주민등록 앞자리 6개를 댔다. 내 대답을 무시하고 다시 물었다.

"몇 년 생이냐구요?"

다시 당혹스럽다.

"××년 생인데요."

"생일은 몇 월이지요?"

우쉬! 이건 뭔 시츄에이션이야? 다시 잠깐 버벅버벅거렸다. 혹시 노땅이 혼자 여행 가니 치매는 아닌지 테스트를 하는 거야 뭐야?

"선생님, 넘 걱정하지 마세요. 아직은 괜찮아요. 주민등록 번호 앞자리 무려 6개를 술술 댔잖아요."

눈으로 나를 한 번 더 스캔하더니 아무 말 하지 않고 티켓과 여권을 돌려줬다. 기분이 씁쓸하다. 내 나이가 어때서? 이제 겨우 두 번째 서른다섯 살 청춘인데 말이지.

티켓 가격이 메이저 국적기의 반 땡인 저가 항공사 비행기다. 남들이 자랑하는 마일리지 따위는 이미 옛날에 거덜 나서 없다. 맨날 제일 싼 변방국의 비행기만 골라서 타기 때문이다.

기내식 따위는 없다. 비빔밥은 만 원, 생수는 이천 원이다. 구름 위에서 먹는 식사인데 시중 음식점 가격보다 저렴하다. 승객이 요청하면 맹물 한 잔은 무료로 준다. 공짜 생수는 맛나다. 가난한 여행자는 비행기 타고 떠난다는 사실 그 자체만으로도 배가 부르고 갈증이 풀린다. 속으로 눈누난나. 거의 만석이다. 그런데 내가 앉은 3열 좌석에는 2명만 탔다. 시작부터 조짐이 좋다.

예정 시간보다 30분 연착. 울란바토르 칭기즈칸 공항에 도착했다. 오늘은 난기류가 심했다. 요란 현상으로 비행기가 흔들릴 때마다 쫄린다. 난기류를 만나면 맘속으로 차카게 살겠노라 다짐을 여

○ 칭기즈칸 공항

러 번 했다. 이번에도 먼지 낀 '차카게 살자'를 끄집어냈다. 나는 언행불일치의 전형적 인간임을 새삼 느낀다.

폼생폼사 입국

비행기에서 내리니 적당히 서늘하다. 맑은 하늘. 초가을 같은 분위기다. 오 예! 신이 날 수밖에 없는 날씨구먼ㅎㅎㅎ

이미그레이션을 나서자 넥타이를 단정하게 맨 몽골 청년이 내 이름을 적은 피켓을 들고 서 있다. 아이고 쑥스러버라. 남사시러버라. 내가 뭐 그리 대단한 사람이라고ㅠㅠ(드라마 대사 컨닝구했음) 직원 통로로 안내해주는데 VIP 라운지로 바로 연결되었다.

◎ 공항에서 시내로 가는 도로변 풍경　　　◎ 울란바토르 교통체증

　　이집트 다합에서 4개월 동안 동고동락했던 여행 벗 김쌤의 모습이 보였다. 김쌤은 2022년 코로나가 끝나갈 무렵 튀르키예 이스탄불에서 처음 만났다. 그리고 다시 이집트 다합에서 만나 넉 달간 같은 게스트하우스에서 지냈다. 낯설고 물설은 아프리카 땅에서 나를 알뜰살뜰 깍듯하게 챙겨준 고마운 아우다. 길에서 인연 맺은 동생이 친형제보다 더 가까운 사이가 됐다. 그가 소파에 파묻힌 채 손을 흔들었다. 딱 드라마 〈카지노〉의 주인공 최무식 폼이다. 음메 멋져부러. 커피 한잔 나누며 환담 후 바로 검은색 의전용(?) SUV 차량에 탑승했다. 아이쉬, 이런 그림인 줄 알았으면 찐한 선글라스를 끼고 와야 하는 건데~ 아쉽다.

　　차를 타고 가며 얼마 전 TV에서 본 〈나 혼자 산다〉 몽골편의 초원 풍경을 직관하니 서울에서의 갑갑함이 사라졌다. 시내에 도착해서는 선진그랜드호텔에 있는 한식당에서 늦은 점심을 먹었다. 메뉴는 묵은지 김치찌개다. 반찬으로 낙지젓갈과 오징어채, 샐러드, 시

금치나물 등등이 나왔다. 성찬이다. 이건 한국 집밥보다 화려하다.

김쌤의 집으로 올 때는 시내가 얼마나 막히는지 주차장을 방불케 했다. 몽골 인구가 350만 명 정도인데 울란바토르에 160만 명 정도가 몰려서 산다. 우리나라 수원시 인구랑 비슷하다. 교통체증이 생길 수밖에 없다.

몽골이랑 놀멍쉬멍 해볼까

밤잠을 설치고 새벽부터 움직였더니 상당히 피곤했다. 투어도 좋지만 며칠은 아무것도 안 하고 그냥 푹 쉬기로 했다.

리턴 티켓은 안 끊고 왔다. 몽골은 무비자로 3개월까지 체류가 가능하다. 두 달 전인 지난 4월 20일에 570일간의 지구별 여행을 마치고 돌아왔다. 그리고 날씨가 풀리자마자 벼르던 몽골로 왔다.

계획이나 준비할 시간도 여유도 없었다. 늘 그랬기 때문에 걱정은 되지 않는다. 내 여행은 언제나 노 플랜 노 아이디어였으니까. 몽골에는 지인이 살고 있기 때문에 믿는 구석도 있었다. 몽골에서 오래 산 김쌤이 있는데 어찌 되겠지 뭐. 한 달 살기가 될지 석 달 살기가 될지 아직은 모르겠다. 암튼 즐겁게 살아보자.

짧은 여행은 설렘이 좋다. 살아보기 여행은 여유가 좋다. 게으름도 피우며 천천히 몽골이랑 놀멍쉬멍이다.

하루에
열일하기

아점 먹고 헤어 컷

몽골에 도착한 지 3일째 되는 날이다. 느지막하게 일어났다. 숙소 근처 J호텔 1층에 있는 한식당에 가서 아점을 먹고 하루를 시작했다. 오늘의 특식이라는 메뉴를 보고 염소탕을 주문했다. 혹시 냄새가 나지 않을까 염려했는데 담백하면서 맛나고 푸짐하다. 가격은 만 원 정도. 하루 종일 배가 든든하다.

오늘의 메인 미션을 수행하러 갔다. 머리 다듬어서 젊게 보이기다. 울란바토르에서 제일 유명하다는 미용실을 찾아 나섰다. 나랑 김쌤 그리고 몽골에 와서 만난 40대의 막내 아우 윤배가 함께 머리 단장을 하기로 했다. 이미 잘한다는 미용실 정보를 입수해놨다. 예약을 안 하고 갔더니 거의 한 시간을 기다려야 한다.

첫 번째 투어 계획 확정

그 사이 근처에 있는 지인이 하는 아메리칸 호텔로 가서 커피를 한잔 얻어 마시며 시간을 보냈다. 아메리칸 호텔에서는 여행사도 함께 운영한다. 사장과 만나서 투어 계획을 짰다.

6월 12일과 14일에 지인 2명이 올 예정이다. 카자흐스탄과 부산에서 각각 출발해서 울란바토르에서 합류하기로 했다. 그들이 도착하려면 3-5일간 기다려야 한다. 나는 가진 게 시간밖에 없고 혼자 놀기의 달인이기 때문에 하나도 불편하지 않다.

일단 르노 밴을 1대 예약했다. 천장이 높고 공간이 넉넉하다. 우리 일행 3명과 가이드 1명, 운전기사 1명 총 5명이 사용하기에 충분하다. 가이드는 김쌤이 해주기로 했다. 모두가 60세 이상이기 때문에 장시간 이동에도 피곤이 덜해야 한다. 그래서 비용이 좀 더 들더라도 쿠션, 쇼바가 꽝인 푸르공 대신 르노를 선택했다.

○ 아메리칸 호텔

○ 고비사막 여행 때 타고 간 닛산 엑스트레일

○ 수흐바타르 광장

　코스는 맨 먼저 몽골 맛보기 코스인 가까운 테를지를 가고 다음에 어기노르와 쳉헤르 온천을 간 다음 맨 나중에 고비사막을 가기로 했다. 고비사막은 SUV 차량인 닛산 엑스트레일로 가기로 했다. 르노 차량은 이미 예약이 돼 있어 사용할 수 없었다.

　투어 계획을 짠 다음 다시 미용실로 돌아갔다. 변신의 시간이다. 이발하고 염색도 하니 10년은 젊어 보인단다. 립서비스인 줄은 알지만 기분이 부웅 뜨는 걸 어쩌랴. 아이스아메리카노를 무려 8잔이나 시켰다. 일행 3명과 미용실 종업원 5명이 아이스아메리카를 쪽

○ 수흐바타르 광장 주변의 번화가

쪽 빨며 해피 투게더! 미용실을 나오면서 모자는 손에다 썼다. 멋진 머리가 망가질까 봐서다.

발걸음도 가볍게 도보 시티투어에 나섰다. 울란바토르 국영백화점에 있는 유니텔 부스로 가서 먼저 몽골 유심칩부터 장착했다. 며칠 동안 와이파이를 잡아서 인터넷을 했는데 이제 본격적으로 투어를 가야 하니 유심이 절대적으로 필요했다. 선불카드로 11기가 충전 완료. 가격은 12,000원 정도다.

걸어서 수흐바타르 광장으로

수흐바타르 광장은 독립 영웅인 수흐바타르 기마상과 몽골제국의 창시 황제인 칭기즈칸의 대형 좌상 조형물이 있는 광장이다. 우리나라의 광화문 광장이랑 분위기기 비슷하다.

졸업 시즌인지 전통 복장 델을 입은 여대생들이 광장에 한가득이었다. 코리안을 대표해서 축하해주었다. 함께 사진도 찍었다. 몽골 사람들은 졸업이나 결혼 등 경사가 있을 때 여기 와서 사진을 찍는다고 한다.

마지막으로 비틀스의 벽화 주조물이 있는 주말 광장 근처의 소문난 로컬 맛집에서 몽골 전통 요리 먹방을 찍었다. 식당이 '서울의 거리'와 바로 붙어 있지만 하루에 너무 많이 걸은 것 같아서 구경을 다음 기회로 미루었다. 울란바토르시에 있는 '서울의 거리'는 불금 심야에 가면 강남 분위기와 똑같이 뜨겁기에 금요일에 가보기로 했다. 마지막으로 탐앤탐스에서 커피를 한잔 마시고 마무리했다.

○ 비틀스 벽화 주조물

○ 몽골 로컬 맛집

공자로 나담축제
개막식 리허설을 보다

나담축제가 뭐임?

나담(Naadam)은 놀이, 경주를 함께 즐기는 축제라는 뜻이다. 몽골 최대의 명절이다. 유목민의 삶에서 가장 중요한 가축들의 성장과 풍요를 기원하는 종교적 의미와 함께 힘과 기술을 겨루는 경기를 통해 병사를 모집하고 훈련시키는 군사적 목적에서 시작되었다. 오늘날에 와서는 몽골의 오랜 전통을 되새기고 계승하는 최대의 민속 축제이자 스포츠 축제로 자리 잡았다. 민족의 자부심과 일체감을 드높여 전 국민을 단결시킨다.

나담축제는 2010년 유네스코 인류 무형문화유산으로 지정되었다. 몽골 혁명기념일인 7월 11일부터 13일까지 열린다. 매년 7월 11일 울란바토르 주경기장에서 열리는 개막식을 시작으로 몽골 전역에서 날짜를 달리하여 크고 작은 축제가 열린다. 온 나라가 축제로 시끌벅적하다. 공식적인 축제 기간은 사흘이지만 실제로는 전국적으로 열흘 넘게 축제와 휴일이 계속된다.

울란바토르에서 열리는 나담축제가 가장 규모가 크고 화려해서 볼거리가 많아 유명하다. 나담축제에 맞춰 몽골인들은 장기간의 여름휴가를 즐긴다. 대개 보름 정도 걸린다. 이때는 관공서, 회사, 가게들이 문을 닫는다.

고향으로 돌아가 친척 집과 이웃을 방문하여 무제한으로 먹고 마시며 논다. 지역별로 승마, 씨름(부흐), 활쏘기 대회가 열린다. 그중에 가장 규모가 크고 인기 있는 종목이 승마다.

7월 11일 오전 9시 30분이 되면 의장대가 야크 꼬리로 만든 깃발 9기를 들고 수흐바타르 광장을 출발해 국회의사당을 지나 2km 정도 거리의 주경기장으로 이동한다. 이 행진이 끝나면 개막식이 시작된다. 행진과 공연이 끝난 뒤 몽골 대통령이 축제 개막을 선언함으로써 축제가 공식적으로 시작된다.

승마, 활쏘기, 씨름이 주 경기종목으로 나담축제의 중심이다. 경기와 함께 전통 음악 공연, 화려한 전통 복장 행진, 아이락이나 후슈르 같은 전통 요리와 공예품 판매가 이루어진다. 여성과 아이들까지 참가해서 다 함께 즐긴다.

축제 기간 동안 몽골 전통 의상인 델을 입은 사람들을 거리 곳곳에서 만나게 된다. 특히 개막식장에서는 델을 갖춰 입고 관람하는 사람들이 많다.

첫 번째로 씨름 경기가 열린다. 씨름은 울란바토르의 나담 주경기장에서 열리는데, 티켓을 사야 관람할 수 있다. 티켓 가격은 2만 5천 원(그늘 자리)에서 1만 7천 원(그늘 없는 자리) 정도 한다. 7월 11일 개막식, 12일 씨름 경기, 13일 폐막식 관람이 가능한 패키지 티켓이다. 인기가 높아 온라인으로 미리 예매해야 한다.

승마와 활쏘기 경기 관람은 무료다. 활쏘기는 주경기장 인근의 활터에서 열린다. 승마는 울란바토르 시내에서 40km 떨어져 있는 '후이따라(휘 덜러 후닥)'라는 광활한 초원에서 열린다. 경기 입장은 무료지만 차를 가져오면 입장료를 내야 한다. 예선은 축제 전에 미리 치른다. 나담축제 폐막식은 별로 볼 게 없다. 씨름 경기 결승전이 끝나고 의장대가 야크 꼬리 깃발을 국회의사당으로 옮기면 공식적인 행사는 종료한 것으로 본다.

나담축제 기간에 여행을 가면 화려한 나담축제 개막식을 볼 수 있지만 축제 기간 동안 영업을 안 하는 가게들이 많아서 불편할 수 있다. 그래서 그전에 몽골 여행을 즐기고 개막식을 마지막 일정으로 잡으면 편하다. 하지만 이때는 몽골 여행 극성수기이므로 항공권, 숙박비, 투어비 등 모든 게 비싸다는 단점이 있다.

씨름 경기 관람

나담축제의 개막을 20여 일 정도 남겨둔 6월 21일에 주경기장에서 개막식 행사 예행연습을 한다는 소식을 들었다. 본행사 그대로 리허설하는 것이다. 실제와 똑같이 씨름도 하고 활쏘기도 하고 중계방송 촬영도 하고 경호 인력 운영, 입장객 안내, 귀빈석 운영 등을 한다. 입장료를 낼 필요도 없다. 요런 좋은 구경 기회를 놓칠 수 없다!

마침 3박 4일간의 고비사막 여행을 마치고 돌아오는 날이었다. 우리 일행은 개막식 행사 예행연습을 보는 걸로 의견을 모아 마지막 날 돌아오는 일정을 서둘렀다. 다행히 리허설이 오후 늦게 시작해서 본행사를 제대로 구경을 할 수 있었다.

씨름 경기가 제일 눈길을 끌었다. 씨름은 나담축제의 3대 종목 중에서는 물론이고 몽골의 다른 어떤 스포츠 종목보다도 인기가 높아서 이날도 관중이 많았다. 우리나라의 민속 씨름이나 일본의 스모, 그리고 레슬링 등과 경기 방식이나 규칙이나 진행 방식 등이 완전히 다르다. 최근에는 덩치와 힘과 기량을 갖춘 몽골의 씨름 선수들이 일본의 스모계에 진출해 좋은 성적을 거두어서 몽골인들을 기쁘게 하는 바람에 씨름의 열기가 더 고조되고 있다.

씨름은 체급과 나이 구분 없이 맞붙는 게 가장 큰 특징이다. 전국 예선을 거쳐 올라온 512명이 본선에서 겨룬다. 선수들이 가슴을 다 드러내고 트렁크 팬티가 아니라 몸에 찰싹 붙는 수영 선수용 팬티 같은 걸 입었다.

이유를 알고 보니 재미나다. 씨름 경기에는 여자가 참가할 수 없는데 옛날에 남장 여자가 참가해서 우승한 적이 있었단다. 그 이후로 상반신과 다리가 제대로 다 노출되는 (야하고 쉑쉬한) 복장을 착용하도록 규정을 바꿨다는 거다.

또 하나 눈길을 끄는 건 선수들이 시합 전후에 동물의 동작으로 보이는 춤을 추는 것이었다. 두 팔을 넓게 벌려 허공으로 날아오르는 듯한 독수리춤, 사자나 호랑이가 의기양양하게 주위를 맴도는듯한 춤, 사슴이 껑충껑충 뛰는 듯한 춤을 춘다.

○ 씨름 경기 전후에 동물 동작의 춤을 추는 선수

○ 크고 호화로운 칸의 게르

○ 전통양식을 살린 게르 레스토랑

덩치가 산만 한 선수들이 각자의 출신 부족에 따라 다른 형태로 덩실덩실 춤추는 모습이 신기하기도 하고 웃기기도 했다. 동물을 흉내 내는 샤머니즘 의식에서 유래된 춤은 경기 전후의 열기와 흥분을 가라앉히거나 고조시키는 역할을 하는 거라는 설명을 듣고 나니 이해가 됐다.

시합 전에는 양쪽 선수 모두 춤을 추지만 시합 후에는 승자만 춤을 춘다. 그러고 나서 설치된 깃대 9개를 돌며 기쁨을 표시한다. 패자는 상의의 끈을 풀고 승자의 오른팔 밑으로 들어가 패배를 인정하고 승복의 제스처를 보인다. 모르고 볼 때는 이상하고 지루했었는데, 설명을 듣고 나서 알고 보니 재미가 있었다.

나담축제의 개막식이 열리는 주경기장에서 가장 눈길을 끈 것은 야외 게르 박물관이었다. 칭기즈칸이 이동할 때 수레에 실어서 옮겼던 크고 호화로운 칸의 게르를 비롯해서 다양한 게르들이 전시돼 있었다. 말을 달릴 수 있는 초원과 규모가 큰 활터와 씨름장 그리고 전통양식을 살린 고급 레스토랑 등 볼거리가 많았다.

사막의 나라 몽골에서
수재민 신세라니

비실비실 내린 비로 둑방이 터지다

몽골에 와서 줄곧 김쌤의 아파트에서 지냈다. 방 두 개에 넓은 거실과 주방이 있어서 생활하는 데 불편이 없다. 시내의 J호텔 근처에 있는 아파트 단지다. 샹그릴라 호텔이나 수흐바타르 광장 등과도 가깝고 주변에 식당과 카페도 많다. 처음에는 며칠만 있다가 적당한 숙소를 구해서 나가려고 했는데 그게 쉽지가 않았다. 호텔에 지내면서 매끼 밥을 사 먹으면 돈도 돈이지만 불편한 게 많다. 차라리 하숙하는 셈치고 김쌤 집에서 지내기로 했다. 그래서 울란바토르에서 예상치 못한 하숙 생활을 석달 동안 했었다.

김쌤의 아파트는 중산층이 사는 아파트 단지다. 작은 강에서 100미터 정도 떨어져 있다. 그런데 여기 있는 동안 평생에 처음으로 물난리를 겪고 수재민이 되는 특이한 경험을 했다.

사막의 나라인 몽골에서 장마라니? 수재민이라니? 보따리 챙겨서 대피라니? 살다 보니 별별 희한한 경험을 다한다. 이거 실화 맞아? 믿기지가 않았다.

울란바토르에 4일 동안 계속 비가 내렸다. 폭우는 아니다. 그칠 듯 말듯 꾸준히 내렸다. 현지인들도 이렇게 며칠 동안 비가 내린 건 처음이라고 한다. 기상이변의 영향인 것 같다.

몽골에도 장마가 온 거다. 내가 비를 몰고 온 건가? 몽골 속담에 귀하고 반가운 손님이 오면 사막에 비가 내린다고 했다. '나 귀한 손님인가 보다'라며 우스갯소리를 했다. 그런데 웃을 일이 아니었다. 도심지를 가로질러 부드럽게 흐르던 강이 장마가 지자 흙탕물이 무섭게 불어났다. 모든 걸 집어삼킬 듯 무서운 속도로 밀려 내려갔다. 강 양쪽으로는 흙으로 만든 제방길이 있는데, 4일 만에 약한 구역의 둑방이 무너졌다.

전기가 나가고 수돗물이 끊기고

아침부터 시청 직원과 노무자들 그리고 경찰들이 나와서 복구 작업을 했다. 저녁에는 군인들과 중장비가 동원되어 작업을 이어갔다. 복구가 잘되겠지라고 대수롭지 않게 생각했다. 다음 날 아침 숙소 창문을 여니 놀라운 광경이 펼쳐져 있었다. 아파트 진입 도로가 완전히 물에 잠겨서 하천이 생겨버렸다. 미처 대피하지 못한 승용차가 침수된 채 방치되어 있었다. 강둑의 약한 부분 두 군데가 다시 터져버렸다. 아파트 지하실로 물이 콸콸 쏟아져 들어갔다. 지하실에는 전기 시설과 각종 기계 설비들이 있는데 어쩌나 걱정이 되었

○ 물에 잠긴 거리

다. 불길한 예감은 적중했다. 바로 전기가 나가고 수돗물이 끊겼다. 완전히 무인도에 갇힌 꼴이 되어버렸다.

하지만 여긴 6층이다. 아무리 물이 차도 걱정할 필요가 없다. 구경꾼이 되어 바깥을 내다보며 철딱서니 없이 사진 찍기 놀이를 했다. 그런데 갑자기 현관문을 거칠게 두드리는 소리가 들렸다. 무조건 집에서 나가라는 것이다. 서둘러서 복용약과 세면도구를 챙겨 들고 나왔다. 엘리베이터가 멈춰 있었다. 어두운 계단을 걸어서 내려왔다.

밖으로 나오니 허벅지까지 흙탕물이 찼다. 생각보다 물살이 빨랐다. 게다가 물이 얼마나 차가운지 온몸에 소름이 돋았다. 앞서가던 김쌤이 갑자기 중심을 잃고 급류 속으로 넘어지고 말았다. 당황

스럽지만 어찌해볼 방법이 없었다. 바로 중심을 잡고 일어섰지만, 배낭과 비닐 가방 그리고 온몸이 흙탕물에 젖었다. 벗겨진 슬리퍼가 빠른 속도로 떠내려갔지만 손을 쓸 수가 없었다.

그래도 다행이었다. 사람이 다치거나 휴대폰이 망가지진 않았으니까. 겨우 저지대를 벗어나서 뒤를 돌아보니 아찔했다. 사람들이 침수된 차량을 밀어보지만 앞으로 나가지 않았다. 주민들이 가방을 메거나 머리에 이고 물살을 헤쳐 나오고 있었다.

투그리~ 투그리~

아메리칸 호텔로 가 방을 잡고 샤워부터 했다. 그리고 컵라면으로 허기진 배를 채웠다. 바로 복구될 줄 알고 제대로 생필품들을 챙겨오지 않았다. 김쌤이 나가더니 갈아입을 옷과 슬리퍼를 사 가지고 왔다. "진짜 일사후퇴 때 난리는 난리도 아냐" 하며 비로소 농담할 여유가 생겼다.

참 별일이다. 울란바토르 시내는 피해가 전혀 없었다. 다만 강 옆 반경 300m×200m 정도의 저지대 주택가만 피해를 입었다. 마치 핀셋으로 콕 집어서 나를 겨눈 것 같았다.

하지만 투그리~ 투그리~(몽골어로 '괜찮아 괜찮아')

모처럼 어렵게 시간과 돈을 들여서 여행 왔다가 이런 일을 겪는 관광객들은 참 어처구니없고 화가 날 것 같다. 나는 석 달 동안 현지인처럼 몽골살이를 하고 있으니 이것도 좋은 경험이고 추억이 되리라고 스스로를 위로했다.

여행은 별별 경험을 다해 보는 것이다.

좋은 여행은 추억이 된다.

힘든 여행은 배움을 준다.

나쁜 여행은 교훈을 준다.

어떤 여행도 감사하고 기쁜 경험이다.

나는 지금 특별하고 좋은 여행을 하고 있는 거 맞다. 내가 가진 거라곤 긍정 마인드뿐이다. 피할 수 없으면 즐긴다.

물난리에 호캉스

4일 동안 내리던 비가 그치고 햇살이 쨍쨍했다. 침수된 도로와 둑방은 하루 만에 복구를 마쳤다. 하지만 사흘이 지났어도 대피했던 주민들은 귀가를 하지 못하고 있었다. 전기와 수도가 복구되지 않아서다. 복구되는 대로 연락을 해주기로 했다. 언제쯤이 될지는 예측할 수가 없단다. 나와 김쌤은 호텔에서 사흘째 밤을 보냈다. 불편한 건 없다. 다만 돈이 조금 깨질 뿐이다. 매일 한식당에 가서 삼시 세끼를 해결했다. 수도는 나흘째가 돼서 복구되었다.

김쌤은 골프장으로 가고 난 커피숍으로 갔다. 아이스아메리카노를 마시며 글을 썼다. 물난리 덕분에 호캉스를 누린 셈이다. 닷새 만에 전기가 들어와서 럭셔리(?)한 수재민 생활을 청산하고 집으로 돌아갔다.

문득 우크라이나와 러시아 전쟁을 피해 탈출한 피난민들이 떠올

○ 아파트 지역에만 물난리가 났다.

랐다. 지난 여행 때 그런 사람들을 참 많이 보았다. 튀르키예, 이집트, 코카서스 3개국, 중앙아시아의 스탄 4개국 등은 러시안 특수를 누리는 기현상이 벌어졌다. 러시안들은 두 가지 부류로 나뉜다. 하나는 징집을 피해 도망쳐 나온 가난한 청년들이다. 다른 하나는 전쟁의 불안과 위험을 피해 떠나온 부유층 혹은 엘리트 계층들이다. 지내는 걸 보니 하늘과 땅 차이였다. 여인숙과 호텔의 차이 같았다. 그들을 보면서 새삼 생존의 격차와 명암을 실감했다.

　이번 수해가 저소득층의 거주 지역을 덮친 건 아니었다. 중산층들이 사는 아파트 지역을 덮쳤다. 주민들은 조급해하거나 불평을 드러내지 않았다. 다른 방식으로 불편 없이 피난 생활을 하기 때문이다. 얘기가 옆길로 많이 샜다. 정리하자면 난 물난리 덕에 호캉스를 보냈다!

나담축제 첫날 승마
결승전을 직관하다

해피 나담!

몽골인 N이 차를 가지고 왔다. 그는 경찰대학 출신의 엘리트 고위직 공무원이다. 나를 보자마자 '해피 나담!'이라고 인사를 했다. '메리 크리스마스' 혹은 '해피 뉴이어'처럼 친숙하고 정겹게 들렸다. 나담축제 하이라이트인 승마를 보러 갈 생각에 나도 모르게 기분이 들떴다.

울란바토르 교외의 후이따라 행사장으로 가는 길은 정체가 심했다. 중간에 연쇄 추돌 사고가 발생해서 많이 막혔다. 2시간 만에 겨우 도착했다. 그나마 비상 출동한 경찰들이 처리를 잘해준 덕분이다. 입구부터 열띤 분위기가 느껴졌다. 수많은 게르와 깃발, 흙먼지를 날리며 달리는 말들이 분위기를 달궜다. 임시 노점상들이 진을 치고 있었고, 주차장에는 울란바토르의 모든 차들이 몰려나온 것처럼 어마무시하게 많은 각종 차들이 눈길을 끌었다.

◎ 나담축제를 보러 가는 끊임없는 자동차 행렬 ◎ 행사장 모습

인사 한번 하기 힘드네

마주들의 전용 구역에 있는 게르로 들어섰다. N의 장인이 경주마의 주인이다. 과거 대법관을 하고 은퇴했는데, 나하고 나이가 같다. 볼 강변의 전원주택에서 여유로운 은퇴 생활을 하고 있다.

반갑게 인사를 나눈다. 그런데 인사법이 복잡하다. 먼저 악수를 하며 가벼운 포옹을 한다. 그리고 자리에 앉아 향이 담긴 작은 병을 서로 교환한다. 코담배병이다. 나는 행사장으로 가는 차 안에서 N에게서 코담배병을 선물로 받았다. 향수병같이 생겼다. 뚜껑을 열고 코로 향을 들이마신 후 상대에게 두 손으로 코담배병을 되돌려준다. 받은 코담배병을 비단 주머니에 넣으면 초면 인사가 끝난다. 도시에서는 볼 수 없는 진기한 모습이다. 이게 전통적인 인사법이란다.

테이블에는 이미 음식이 푸짐하게 차려져 있었다. 먼저 말젖을

◯ 코담배 향을 들이마시며 인사를 나누는 모습 ◯ 푸짐하게 차려진 테이블

차와 섞어서 만든 마태차가 나왔다. 이어서 막걸리랑 비슷한 아이막이 나오고, 그리고 보드카 잔을 돌렸다.

게르의 메인 음식은 허르헉과 후슈르다. 허르헉은 큰 솥에다가 묵직한 돌멩이와 함께 양고기와 채소를 넣어서 푹 삶은 요리다. 날카로운 칼로 살을 베어내서 두 손으로 발라서 먹는다. 후슈르는 속에 다진 고기를 넣고 기름에 튀겨서 만든 만두다. 크기가 어른 손바닥만큼 크다. 몽골은 방목하는 가축이 7천만 마리가 넘는다. 어딜 가나 고기 음식이 나온다. "몽골에서는 거지도 고기를 먹는다. 다만 풀떼기를 못 먹을 뿐이다"라는 우스갯소리를 할 정도다.

마주들은 관람석에 가서 경기를 보지 않는다. 손님 접대에 더 신경을 쓰며 즐기는 것 같다. 게르에서 위성 안테나로 연결해 텔레비전 화면으로 본다.

◎ 게르 안에 설치한 텔레비전으로 경기를 보는 모습

◎ 아이막 항아리. 아이막은 셀프서비스다.

140cm를 사수하라

예선을 통과한 150마리가 결승전에 출전해 25km를 달린다. 마라톤이랑 비슷하다. 처음에는 빨리 달리지 않는다. 초중반에는 페이스 유지에 치중한다. 마지막에 박차를 가해 스피드를 낸다. 이날은 오전에 비가 내려 땅이 질척거렸다. 기수와 말의 체력 유지가 관건이다. 극한 경기다.

일등 한 말에는 '툼니 에흐(가장 강한 말)'라는 칭호를 준다. 꼴찌한 말은 '브렌 자르갈(완전한 행복)'이라고 부른다. 일등이냐 꼴등이냐가 중요하지 않다. 참가한 모두에게 박수를 보낸다.

출전하는 말은 토종 몽골 말로만 엄격히 제한된다. 외국산 말이나 교배종 말은 사전 심사에서 탈락된다. 말의 키는 140cm 이하로 제한하는데 1cm만 커도 탈락이다. 어떤 마주가 방송국 카메라 앞에 서서 억울함을 호소하는 걸 봤다. 1cm가 크다고 참가조차 못했다면서 울먹였다. 그걸 보는 몽골 사람들은 오히려 재미있다며 깔깔 웃었다.

출전하는 말의 나이는 두 살에서 여섯 살 사이다. 기수는 여섯 살부터 열두 살 사이의 어린 소년이다. 어른들은 몸무게가 무겁기 때문에 절대로 기수가 될 수 없다. N의 장인의 말은 15등으로 들어왔다. 그래도 상위 10%에 들었으니 다행이었다. 말의 이름은 '달의 눈썹'이다. 말의 나이는 세 살이고 기수는 아홉 살이다. 내년에는 분명히 좋은 성적을 낼 거라고 격려를 해주었다.

경기가 끝났으니 이제 돌아가겠지 생각했는데, 그게 아니었다. 진짜는 이제부터란다. 친구와 친척들의 게르 순례가 시작되었다.

○ 말의 키를 재는 사람　　　○ 억울함을 호소하는 마주　　　○ 아홉 살짜리 기수

일단 코담배 교환으로 정중한 인사를 나눈다. 그러고 나면 먹고 마시고 떠들고가 이어진다. 나와 김쌤은 특별한 손님으로 소개되어 술잔 공세를 받았다. 밖에서는 부모를 따라온 아이들이 놀면서 웃고 떠드는 소리가 요란했다.

술잔 공세를 피해 밖으로 나왔다. 밝게 뛰노는 아이들이 어우러져 한 장의 그림엽서처럼 예뻤다. 아이들은 연날리기, 공차기, 술래잡기, 공놀이, 종이비행기 날리기 등을 하며 신나게 놀고 있었다. 몽골 어른들은 아이들이 노는 데 끼어들지 않는다. 그냥 지켜보기만 한다. 모두가 행복한 표정이다. 마음에 평화로움이 피어오르는 시간이었다.

○ 행사장 하늘을 수놓은 독수리 연

해피엔딩, 잃어버린 돈이 돌아왔다!

몽골의 7월은 저녁 9시가 넘어야 해가 진다. 우리 일행은 석양이 질 무렵 자리에서 일어났다. N이 볼 강변의 처갓집으로 가는데, 같이 가자고 한다. 가서 얼마나 있을 거냐고 물었더니 열흘 동안 휴가를 보낼 거란다. 무엇이라? 엄두도 나지 않고 감당할 수도 없는 어메이징 썸머 베이케이션이다. 삶의 질은 한국보다 높은 거 아님? 워라밸 중시하는 분들 여기 와서 살아야 할 듯.

작별 인사를 나누고 헤어졌다. 나와 김쌤은 울란바토르에서 혼자 온 N의 친구 다기의 차를 탔다. 다기는 영어가 가능해 울란바토르로 돌아오는 동안 많은 얘기를 나누었다. 페북 주소와 휴대폰 번호도 교환했다.

그런데 방에 들어와서 옷을 갈아입다가 깜짝 놀랐다. 재킷 주머니에 넣어둔 돈뭉치가 사라진 것이다. 아무리 되짚어 생각해봐도 기억이 안 났다. 어디서 빠졌을까? 몽골 돈이 다 떨어져서 전날 환전을 했는데, 써보지도 못하고 어디론가 날아가버리다니, 오호애재(嗚呼哀哉)라 망연자실(茫然自失)이다.

그때 김쌤이 방으로 들어와 싱글싱글 웃으며 물었다. "형님 뭐 잃어버린 거 없으요? 흐흐~" 바로 촉이 왔다. 찾았구나! 다기가 집에 도착해서 차를 정리하다가 뒷좌석에서 돈뭉치를 발견한 것이다. 착한 몽골 아재는 김쌤에게 전화를 한 뒤 곧장 달려왔다. 돈만 돌려주고 바람처럼 돌아갔다.

나는 그에게 전화하고 메시지도 보내서 고맙다는 인사를 했다. 나담축제가 끝나면 만나서 답례를 해야겠다. 호사다마(好事多魔)라

○ 집 나갔다 주인에게 돌아온 돈

생각하며 혼자 삭이고 흘려버리려 했다. 그런데 돈이 다시 돌아왔다. 마치 공짜 돈이 굴러들어 온 듯 기쁘다. 에헤라 디야~ 굿 가이를 만난 덕에 오늘도 해피엔딩이다. 이젠 나도 전혀 어색하지 않고 자연스럽게 '해피 나담!'을 외친다.

초원을 지나 언덕을 넘어
신나게 말 달리기

여행 인연, 유튜버 쏘따리 부부

유튜버 쏘따리 부부, 우서와 수야를 울란바토르에서 만났다. 쏘따리는 다리가 짧은 숏다리가 아니다. '쑈(Show)+보따리'의 합성어다. '많은 걸 보여주는 보따리'라는 뜻이다. 부부는 연극과 오페라 배우 출신이다. 실물을 보면 진짜 멋지고 예쁘다. 선남선녀(善男善女)다. 두 사람은 홍대 앞에서 만화에서처럼 만났고 첫눈에 뽕 빠져 결혼을 했단다. 지금도 두 사람 눈에선 꿀이 뚝뚝 떨어진다.

코로나가 터졌다. 무대에 설 수 없게 된 거다. 방향을 틀었다. 위기는 기회다. 오래전의 꿈을 이루어보자고 의기투합했다. 전 재산을 털어 세계일주 유튜버로 나섰다. 인기가 급상승 중인 유튜브 채널 '쏘따리 여행기'를 시작했다. 시작 1년 만에 구독자 5만 명을 찍고 지금은 10만 구독자를 넘어가고 있다. 연극배우는 가난하다. 여윳돈이 있을 리 없다. 두 사람은 일 년 동안 3천만 원으로 여행했다.

수입은 2천5백만 원이었다. 적자다. 그래도 선방한 거다.

지금은 두 번째 세계일주 여행 중이다. 이번에는 1년에 2천만 원을 쓸 계획을 하고 다닌다. 오히려 더 짠내 나는 여행을 한다. 그런데도 표정은 더 밝았다. 맨땅에 삽질하듯 시작했지만 삽자루가 부러지지 않았다. 손바닥에 굳은살이 단단하게 붙었다. 자신감과 여유가 생긴 거다. 내일은 우서와 수야 부부가 15일간의 몽골 여행을 마치고 카자흐스탄으로 떠나는 날이다.

우리의 첫 만남은 이집트의 다합이다. 쑈따리 부부가 오고 얼마 안 되어서 나는 케냐로 떠났고, 그들은 김쌤의 게스트하우스에 묵었다. 김쌤과 쑈따리 부부는 친해지면서 삼촌과 조카를 먹었는데, 여행 인연이 이어져 몽골에서 다시 만났다.

우당탕탕 급조된 프로젝트

우리의 송별 오찬은 울란바토르 자이승 전망대 부근에 있는 '한국가든' 정 사장님이 마련해주었다. 한국가든에서 송별 점심을 먹은 후 근처에 있는 자이승 전망대를 둘러보기로 했다. 올라가기 전에 자이승 힐 앞에 있는 탐앤탐스에 들렀다. 아이스아메리카노를 한 잔씩 마시며 여행 얘기를 나누었다.

쑈따리 부부가 몽골에 온 건 진심 원하는 게 있어서였다. 특히 우서의 몽골 드림은 초원에서 영화 같은 말타기였다. 초원에서 제대로 말을 달리고 싶어 했다. 고비사막 투어를 다녀온 뒤 장마가 이어지는 바람에 말타기가 무산되어서 무척 아쉬워했다.

○ 한국가든

○ 비를 뚫고 달려와 말 탈 생각에 신난 네 사람

　김쌤은 몽골에 살면서 오래 말을 타서 거의 프로급 고수다. 우서의 말을 듣자 바로 말 타러 가자고 나섰다. 우당탕탕 쏘따리 부부의 소원 풀어주기 프로젝트가 급조됐다. 쏘따리 부부와 나는 시간도 늦고 비도 와서 어려울 것 같다며 망설였다. 하지만 김쌤의 무데뽀는 막을 수 없었다. "승마할 수 있게 옷 갈아입고 1시간 후 집합!" 오더가 떨어졌다. 쏘따리 부부는 잠시 시간을 달라더니 5분간 상의 끝에 마침내 오케이! 그렇게 테를지 국립공원으로 갔다. 날씨가 안 받쳐주면 우중 드라이브한 셈 치기로 하고 따라나섰다.

말 달리기 소원 풀이

　오후 4시에 울란바토르를 출발했다. 비가 장난이 아니다. 와이퍼가 힘들어했다. 미쳤다! 이렇게 비가 오는데 말 타러 가는 게 말이나 되냐구.

앞자리에 앉은 김쌤만 태연했다. "몽골 비는 도깨비 비다. 도착하면 하늘이 개인다"라고 말하더니 차 안에서 테를지에 있는 한 승마장 주인에게 늦더라도 말을 준비해달라고 통화를 했다. 꼭 잘 달리는 좋은 말을 대기시키라고 당부했다. 우리 일행의 말타기를 도와줄 현지 몽골인 도우미도 불렀다.

도착하니 5시 반이었다. 수리수리 마하수리~ 거짓말같이 비가 그쳤다. 결과는 대 대 대만족이었다. 쏘따리 부부는 말 타는 게 두 번째라고 했다. 그런데 이날은 초원에서 그냥 또깍또깍 탄 게 아니었다. 질풍노도처럼 내달렸다. 질주를 해버렸다. OMG!!! 이게 말이 되는 겁니? 우서와 수야는 신바람이 났다. 달리고 달리고를 멈추지 않았다.

지금까지 몽골에 온 유튜버는 많았다. 콘셉트는 비슷하다. 고비 사막이나 흡스굴이나 쳉헤르를 다녀와서 소개하는 정도였다. 말을 타고 초원을 제대로 달리는 영상은 아직 보지 못했다. 쏘따리 부부가 말을 타고 몽골의 초원을 서부영화에서처럼 달린 최초의 유튜버이지 않을까 싶다.

나도 한번 달려봐?

나는 그동안 말을 스무 번도 넘게 탔지만 그냥 또깍또깍 얌전하게만 탔었다. 이번에는 두 청춘을 보며 자극을 세게 받았다. 우서의 뒤를 따라 빠르게 달려보았다. 초원을 달리고 언덕을 넘고 숲을 지

○ 우리 일행의 말타기를 도와준 몽골 여성과 함께 기념촬영　○ 서부영화의 한 장면처럼 질주하는 우서

났다. 며칠간 내린 비로 수량이 불은 하천을 열 개도 더 건넜다. 신
발과 바지가 몽땅 젖었지만 기분은 눈누난나 하늘을 날았다. 말 타
는 찐재미를 느꼈다.

　여행에서 만나는 청춘은 나의 스승이다. 살짝 몰래 배운다. 나이
70에 아프리카를 여행하며 처음으로 스카이다이빙, 패러글라이딩,
헬기 타고 빅토리아 폭포 위 날기, 쿼드 바이크, 샌드 스키 등을 해
봤다. 이제 71세다. 서툴지만 속보 말타기를 해봤다. 푸하하하!

　오후 6시부터 해가 지는 9시까지 원 없이 말을 달렸다(7월에는 해가
늦게 진다). 시간이 너무 늦어서 오는 길에 있는 아는 식당에 전화해서

한식을 준비해달라고 요청했다. 밤 열 시가 넘은 늦은 저녁을 먹는데 꿀맛이었다.

우서가 나한테 말했다.

"삼촌을 보니 나이가 들어서도 홀로 자유 배낭여행이 가능하겠구나라는 확신이 드네요."

"당근이지. 난 죽을 때까지 지구별 여행을 멈추지 않을 거야."

돌아와서 침대에 눕자마자 떡실신해버렸다. 깨어나 보니 우서에게서 카톡이 와 있었다.

"저희 카자흐스탄에 잘 도착했어요."

"건강해라. 나중에 연극 배우로 뮤지컬 배우로 무대에 선 너희들의 멋진 모습을 보고 싶구나."

쏘따리 부부 잘 가! 홧팅!!

야외에서 먹은
특별한 허르헉

양 한 마리 잡읍시다!

한국에서 손님들이 왔다. 용배 아우의 지인들이다. 5일 동안 내내 골프만 쳤다. 신기방기하다. 골프만 칠 거면 동남아로 가지 왜 몽골에 온 거임? 알고 보니 몽골에서 열심히 살고 있는 용배 아우를 격려하기 위해서 온 거란다.

그래도 골프만 치면 너무 밋밋하다. 몽골에 왔으니 식도락(食道樂)이라도 즐기고 가야지. 용배 아우가 잘 아는 몽골인에게 부탁해서 교외에 있는 널찍한 주택에서 저녁을 먹기로 했다. 특별히 몽골 대표 요리인 허르헉 파티를 준비했다. 허르헉은 양고기 특유의 냄새가 적고 고기가 연해, 외국인이 선호하는 몽골 전통요리다. 시간이 오래 걸려 미리 주문해야만 먹을 수 있다.

요리는 몽골 아줌마 미나에게 부탁했다. 그녀는 한국에서 오래 살아 한국말을 잘한다. 중고차 딜러다. 딸이 셋이 있는데, 첫째는 한

○ 게르를 둘러싼 나무 담이 인상적인 여름 별장 마을　　　○ 손님용 예쁜 야외 화장실

국에서 대학에 다니고 있다. 친한파 아지매다.

　남편인 오이나도 한국에서 일했었다. 덩치가 크고 무뚝뚝하게 생겼다. 그런데 덩치에 어울리지 않게 한국말로 우스갯소리도 잘하고 친절하다. 처음 만나도 형님, 삼촌, 누님이라고 부르며 허물없이 사근사근 대한다. 아내는 밖에 나가 돈을 벌고 그는 집안 살림을 도맡아 한다. 가끔 술을 많이 마셔 아내에게 등짝을 맞지만 자긴 행복한 남자라고 자랑한다. 오늘도 아침부터 양을 사 와서 직접 잡고 요리를 준비했다.

　지난번에 미니고비사막과 고비사막을 함께 갔던 여행팀 세 명이랑 한 번 왔었다. 그때는 한국 사람들은 양고기를 냄새가 나서 꺼려하는 것 같다며 양고기 대신 염소로 허르헉을 준비해주었다. 한국에서 일할 때 보니 사람들이 개고기와 염소고기를 잘 먹는 것 같아 나름 배려한 거란다. 이번에는 제대로 양 한 마리를 잡아서 준비했다. 참고로 몽골 사람들은 개고기를 먹지 않는다.

○ 허르헉을 준비해준 오이나와 미나 부부

○ 미나 부부를 위해 공수해온 새우

이왕이면 한국식 로스구이로

이날은 몽골식 허르헉과 함께 한국식 양고기 로스구이를 시도해봤다. 로스구이를 했더니 소고기와 식감이 똑같았다. 한국인 식성에 맞추어 상추, 배추, 양파, 쌈장, 참기름, 소금, 김치까지 내왔다. 양고기가 숯불구이와 궁합이 잘 맞았다. 모두가 엄지척이었다. 최고의 맛이다. 한국인 여섯 명과 몽골인 두 명이 먹었는데도 많이 남았다. 배 터질 뻔했지만 즐겁다.

한국 생활 경험이 있는 미나 부부는 한국에서 먹어본 새우구이의 맛을 잊을 수가 없단다. 내륙국가인 몽골에서 해산물은 구경하기조차 힘들다. 용배 아우를 통해 미나 부부의 얘기를 전해 들은 용배 아우의 지인들이 어렵사리 냉동 새우를 공수해왔다. 미나 부부는 완전 감동의 도가니탕에 빠졌다. 새우를 공수해온 손님들은 뿌듯해하면서 분위기가 덩달아 고조되었다. 덕분에 '에덴' 보드카의

○ 한국식으로 준비한 양고기 로스구이 ○ 다함께 야외에서 즐거운 양고기 파티

빈 병이 줄줄이 나둥그러졌다. 유명 식당보다 백 배 낫다.

　게르에서 직접 요리한 허르헉을 먹어보면 몽골을 제대로 느낄 수 있다. 허르헉으로 행복해지니 몽골이 진짜 몽골몽골하게 보였다. 이날 특별히 주문한 양고기 로스구이는 미나 부부는 물론 세 명의 아이들도 맛있다고 너무 좋아했다. 새로운 요리 방식의 양고기 구이의 인기가 상종가다.

　미나 부부가 사는 곳은 몽골인들이 주로 여름휴가 때 와서 지내는 별장 주택 단지에 있다. 이들은 별장용이 아니라 아예 상시 거주하고 있다. 미나가 한국에서 수입한 중고차를 판매하기 때문에 차를 주차할 수 있는 널찍한 땅이 필요해서 일찌감치 자리 잡았다고 한다. 울란바토르 시내에서 차로 30~40분 거리다.

　도시에 사는 사람들은 대부분 시골에 별장을 가지고 있다. 땅이 넓고 땅값이 싸기 때문에 가능하다. 도시에서 아무리 좋은 집에 잘 살아도 유목민의 DNA가 핏속에 흐르고 있어서 초원의 게르를 그리워하는 것 같다.

몽골의 별장은 러시아의 다차와 같다고 보면 된다. 다차는 텃밭이 딸린 시골집이다. 러시아 국민의 절반 이상이 가지고 있다. 구소련 시절에 식량난이 심각해 정부에서 시골에 작은 땅을 분배해주고 부족한 식량과 채소를 자급자족하도록 한 게 시발점이었다. 지금은 대도시 주변 다차는 점차 고급화되고 있다.

몽골의 별장도 텃밭 수준이 아니라 고급화되고 있다. 이곳의 별장 주택들은 보통 300평 이상에다 멋진 목조 주택들이 대부분이다. 별장 야외에서 제대로 요리한 허르헉을 맛보는 건 특별한 경험이 아닐 수 없다.

몽골에 관한
흔한 오해 3가지

샤브샤브는 몽골 전통 요리?

중복인데 뭘 먹나? 몽골식 샤브샤브 당첨. 울란바토르에서 가장 유명하다는 더 불(The Bull) 샤브샤브 레스토랑으로 고고씽! 두 번째로 유명한 샤브샤브 식당은 리틀십 핫 팟 레스토랑(Little Sheep Hot Pot Restaurant)이다. 더 불은 시내에 세 곳의 체인점이 있다. 우리는 가까운 곳을 찾아갔다. 블루몬 센터(Bluemon Center) 건물 3층에 있는 식당이다.

시설이 고급스럽고 음식 퀄리티도 좋다. 손님은 한국인들이 압도적으로 많다. 세트 메뉴를 시키면 고기와 채소가 포함되어 나온다. 양고기는 전날 먹었으니 소고기로 주문했다. 얇게 썬 소고기가 말려서 나왔다. 채소도 삶으니 푹 줄어들었다. 두세 번을 추가로 시켜서 먹으니 비로소 양에 찼다. 제대로 먹으니 몽골 물가에 비해 상당히 비싼 돈을 냈다.

여기서 잠깐 몽골에 와서 알게 된 전통 음식에 대한 오해와 진실을 간단히 풀어본다. 몽골 사람들은 고기와 채소를 뜨거운 물에 데쳐서 먹는 샤브샤브나 고기를 꼬챙이에 끼어서 굽는 샤슬릭이나 양고기 수육인 허르헉을 많이 먹는 줄 알았다. 아니었다. 관광객들이 일부러 찾아가야만 먹을 수 있다. 현지 서민들이 먹는 음식은 따로 있었다.

- 부즈 - 몽골식 만두. 한국식 만두는 속에 당면, 부추, 채소 등이 들어간다. 부즈는 고기, 마늘 양파, 소금이 들어간다. 고기를 손으로 다져서 넣고 국물이 들어간다.
- 초이왕 - 몽골식 볶음 국수
- 후슈르 - 부즈와 다르게 손바닥만큼 크게 만든 튀김 만두

유목민은 조리가 복잡하고 시간이 많이 걸리고 손이 많이 가는 음식은 피한다. 몽골에 가서 샤브샤브, 허르헉, 샤슬릭 등을 먹었다면 당신은 VIP 관광객이 맞다. 외국인이 한국에 와서 신선로나 복어회를 먹어본 것과 마찬가지인 셈이다.

특히 샤브샤브에 대한 오해가 많다. 원조가 몽골인 걸로 알려져 있다. 아니다. 몽골 기병들이 투구에다 물을 끓여 바로 잡은 고기와 채소를 넣어서 먹었다는 전설 같은 이야기가 있다. 매력적이지만 순전히 야설이다.

실제로 몽골 기병들이 먹은 전투식량은 보르츠다. 보르츠는 양이나 말을 잡아서 육포로 만든 다음 갈아서 만든 고기 미숫가루다.

짐을 최대한 줄이기 위해 보르츠를 말 안장 밑에 깔고 달린다. 식사를 위해 시간과 수고를 투자하지 않았다. 두세 숫가락만 물에 타서 마시면 한 끼가 든든하다. 인스턴트 시레이션(전투식량)의 원조인 셈이다.

사실과 다르면 또 어떠랴? 여행은 즐거워야 한다. 모르고 즐거운 것보다는 알면서 즐거우면 더 재미있다.

몽고간장은 없다?

몽골에 가면 몽고간장이 있는지 궁금해하는 사람들이 있다. 물론 몽골에도 다양한 간장이 있지만 '몽고'라는 상표의 간장은 없다. 몽고간장은 한국에만 있다.

몽고간장은 유래를 알면 이해가 된다. 1274년 원나라 쿠빌라이 칸이 일본 정벌을 결정하고 여몽 연합군을 구성했다. 마산 합포에서 정벌을 준비하면서 4만여 병력이 마실 수 있는 우물을 팠다. 이름을 '몽고정'이라고 했다. 2차에 걸친 원정은 태풍(일본명 신풍, 가미가제)으로 실패했다. 이후 1905년 일본인이 몽고정 물을 사용한 간장을 만들어 판매하여 대박이 났다. 해방 후 한국인이 인수하여 같은 브랜드로 생산해서 오랫동안 간장 시장을 석권했다.

몽골을 가본 사람은 적고 역사를 아는 사람도 드물다. 반면에 몽고간장을 먹어본 사람은 엄청나게 많다. 그래서 몽골 하면 몽고간장의 나라라고 오해하는 사람들이 많다.

아내를 빌려준다고?

또 하나 큰 오해가 있다. "몽골은 아내를 빌려주는 나라 맞아?" 이 질문을 하는 순간 당신은 바로 몽골인들에게 공공의 적이 되고 만다.

1990년대 중반, 한국에서 《아내를 빌려주는 나라》라는 선정적인 제목의 책이 출간되었다. 당시 많은 일간지에서 미지의 나라 몽골을 소개하는 책이라며 앞다투어 서평을 실었다. 그보다 먼저 일본에서 왜곡되고 자극적인 비슷한 내용의 책이 나왔고 잡지에도 실렸다. 그걸 모방해서 선정적인 제목을 뽑는 우를 범한 것 같다.

제목 덕에 책이 많이 팔렸는지는 모르겠지만 심각한 문제와 후폭풍을 불러일으켰다. 몽골인들은 분노했다. 몽골에 거주하던 한국인들이 곤욕을 치렀다. 저자는 몽골 입국이 영구 금지되었다.

만약에 외국인이 신라 말기에 쓰인 〈처용가(處容歌)〉를 읽고 한국은 성이 문란한 국가였다는 내용의 책을 썼다고 가정해보자.

서울 밝은 달에
밤 들이 노니다가
들어와 잠자리 보니
다리가 넷이어라
둘은 내 것인데
둘은 뉘 것인고
본디 내 것이다마는
앗아간 걸 어찌할꼬

이걸 보고 당시의 세태가 전부 그랬었다고 말할 수는 없을 것이다. 〈어우동〉을 보고 조선은 유교 국가지만 성이 난잡한 국가라고 주장한다면 동의할 수 있을까? 그럼에도 불구하고 여전히 유튜브 등에서 온갖 썰과 구라로 포장해서 같은 내용을 재생산하고 있다. 조회수를 올려 수익을 얻으려는 속물적 상업주의 욕심 때문이다. 1,000년도 더 된 과거에는 약탈혼(掠奪婚)이나 납치혼(拉致婚)이나 과객혼(過客婚)이 있었다며 사실이라고 주장하는 걸 믿기도 한다.

그런 식으로 얘기하자면 우리나라에도 보쌈이라는 게 있었다. 좀 더 비약하자면 우리는 호랑이와 곰이 결혼해서 낳은 단군의 자손이다. 조상이 동물이 된다.

너무 오버하면 안 된다. 탈이 나기 마련이다. 나쁜 뜻은 없었고 책 판매를 위해 머리를 짜내서 만든 제목이라고 생각한다. 어쨌든 이익을 얻기 위해 호기심이나 흥미를 과장해서 누군가를 폄훼하고 모욕감을 주면 안 된다. (이 글은 특정인을 비방하려는 게 아니다. 현재도 유튜브나 언론 기사 등에서 과도한 어그로가 남용되고 있다. 시선을 잡아 끌기 위해 자극적인 제목이나 사실과 다른 내용을 갖다붙인다. 이런 문제들의 심각성을 경계하자는 거다.)

점점 몽골에
스며들다

단조로운 일상의 달달함과 착한 몽골인

오늘은 낮 기온이 34도다. 몽골 와서 가장 더운 날이다. 쨍쨍한 햇살이 습기를 다 빨아들여서 모든 게 바삭박삭하다. 하루하루를 단조롭게 보내고 있다. 느지막하게 일어나 아점을 차려 먹는다. 토스트 아니면 밥에다 마가린과 간장을 비벼서 김치와 같이 먹는다. 부산식당 사장님이 김치를 세 종류나 큰 통에 담아주어서 밑반찬이 든든하다.

3시쯤이면 늘 가는 커피빈으로 출근한다. 젊은이들이 노트북 들고 와서 공부하는 스터디 카페다. 나도 노트북 켜고 5~6시간 동안 원고를 쓰기에 부담 없어서 좋다. 눈치 안 보고 몰입의 순간을 누릴 수가 있다. 아이스아메리카노 톨 사이즈를 주문한다.

7,100투그릭(2,800원)인데 돈을 낼 때마다 헤맨다. 몽골은 동전이 없다. 종이돈만 쓴다. 색깔과 모양이 비슷하다. 두 달여가 지났지만

○ 노상 카페에서 여유 있게 한잔　　　　　　　○ 실내에서는 열심히 글쓰기

아직도 돈 낼 때마다 헷갈린다. 모자라게 낼 때가 많지만 가끔은 오천이나 만 투그릭을 오백이나 천 투그릭으로 착각해서 더 내기도 한다. 그러면 어김없이 잘못 계산했다며 돌려준다. 다른 식당이나 가게 그리고 시장에서도 마찬가지다. 참 착한 몽골인들이다.

궁금하고 신기한 몽골이 아닌 친숙한 몽골

　아이스아메리카노와 노트북만 있으면 날밤도 새울 수 있을 것 같다. 몽골의 카페는 거의 9시면 문을 닫는다. 늦게까지 문을 여는 카페는 맥주와 커피를 함께 파는 곳뿐이다. 예전에는 한국에 주다 야싸(주간 다방, 야간 쌀롱)가 많았었다. 첫 세계일주를 하고 와서《철부지 시니어 729일간 내 맘대로 지구 한 바퀴》를 쓸 때는 종로에 있는 24시간 영업하는 할리스 커피숍에서 날밤을 새웠던 기억이 떠오른다(지금은 스벅으로 바뀌었다). 나는 올빼미형 인간이다. 낮에는 산만한데 밤에는 집중이 잘된다. 몽골에도 24시간 영업을 하는 카페가 있으면 좋겠다는 엉뚱한 생각을 한다.

저녁은 괜찮은 식당을 찾아가서 한 끼는 제대로 챙겨서 먹는다. 최근에는 중국집 쟁반 짜장과 칠리 탕수육을 별식으로 먹은 게 가장 맛났다. 저녁을 먹고 귀가하는 길은 일부러 1시간 정도 돌아서 간다. 저녁에는 날씨가 선선해서 걷기 좋다. 만 보 걷기가 유일한 운동이다. 집에 들어가면 영화나 드라마 몰아보기 삼매경(三昧境)에 빠진다. 5박 6일로 바쁘게 찍고 가는 관광객들이 보면 미쳤다고 하겠지? 몽골까지 와서 넷플릭스 영화나 보다니 어이가 없겠지? 아무래도 괜찮다. 나의 여행은 현지인처럼 여유롭게 살아보기니까.

가끔 한밤중에 출출해질 때가 있다. 라면을 끓여서 국물은 버리고 면만 찬물에 헹군다. 참기름과 초고추장과 참깨를 넣어 '자작 수제 비빔면'을 만들어 먹는다. 요게 완존 꿀맛이다. 맛을 음미할 겨를이 없다. 그냥 폭풍 흡입이다. 다행인 건 혈당도 올라가지 않고 뱃살도 찌지 않는다는 거다. 마음이 편하면 몸도 편해진다는 설이 맞는 것 같다. 느릿느릿 게으르게 야식도 조심하지 않고 먹으며 살지만 만족한다.

이젠 밤길을 혼자서 걸어 숙소로 올 때도 경계심이 없다. 익숙해진 탓이다. 더 이상 궁금하고 신기한 몽골이 아니다. 그냥 편안하고 친숙한 몽골이다. 시간이 쌓이면 익숙함도 쌓인다. 몽골이 몽골몽골해졌다. 몽골이 점점 더 한국과 비슷하게 닮아간다. 특히 수도인 울란바토르는 더하다. 경기도의 어느 큰 도시에 와 있는 느낌이다. 외국이라는 생각이 거의 들지 않을 정도다. 부디 좋은 점만 배우고 닮았으면 좋겠다.

말 타고 카작마을에
축제 보러 가볼까

축제 첫날부터 마지막 날까지 승마 경기를 즐기다

오랜만에 콧구멍에 바람을 쐬어주러 나섰다. 테를지 국립공원에 가서 말을 탔다. 모처럼 지평선과 초원을 보니 저절로 힐링이 되었다. 몸은 좀 피곤했지만 머리가 한결 맑아진 것 같았다.

마침 테를지에서 카작마을 나담축제가 열리고 있었다. 나담축제는 각 지역별로 열리는 날짜가 다르다. 가장 규모가 큰 울란바토르 나담축제는 7월 11일에 열렸다. 오늘이 8월 8일이니 아마도 테를지 나담축제가 전국에서 가장 늦게 열리는 듯하다. 축제 장소는 동네에서 개울을 여러 개 건너가면 나오는 초원이다. 동네에서부터 말을 타고 행사장으로 갔다. 전날 내린 비로 땅이 질퍽거렸다. 개천물이 불어서 물살도 셌다. 말 타는 색다른 재미와 맛이 느껴졌다.

나담의 백미(白眉)는 승마다. 골인하는 순간만 구경했지만 스릴이 넘쳤다. 함성과 한숨이 교차되었다. 먼 길을 달려온 말과 기수

○ 말 타고 카작마을로

는 온통 흙투성이었다. 결승점을 앞에 두고도 라스트 스퍼트를 하지 못했다. 너무 지친 탓이었다. 관중들이 결승점 도로 양쪽에 서서 소리를 지르고 응원하는데도 길옆으로 빠지는 말도 있었다. 기수가 말을 통제할 수 없는 힘든 상황인 것 같았다. 에스코트하던 경찰차가 따라가고 결국 기마 경찰이 인도해서 결승점으로 가 골인을 하기는 했지만 등수는 무안할 정도로 뒤처졌다. 하지만 관중들은 등수에 관계없이 늦게 들어오는 기수에게도 환성과 박수를 보냈다.

나담축제 첫 번째 날에 울란바토르에서 열리는 전국에서 가장 규모가 큰 승마 경기를 보았었다. 마지막 날에는 테를지의 시골 마을에서 열리는 작은 규모의 승마 경기를 구경했다. 아무래도 내겐 여행복이 있는 것 같다.

○ 스카이 게르 캠프

같이 놀아주는 친구들이 있어 행복하다

돌아오는 길에 테를지 국립공원 거북바위 근처에 있는 스카이 게르 캠프에 들렀다. 늦은 저녁을 먹었다. 게르에서 먹는 양고기 허르헉은 더 맛나다. 한국인 사장의 어머님께서 비장해둔 누룽지도 끓여주었다. 최고의 별식이다.

행복한 노후 대책이란 돈이 많은 게 아니란다. 같이 놀아주는 친구들이 있는 것이란다. 이역 땅 몽골에 와서도 좋은 사람들을 만나 즐겁게 잘 지낸다. 벌써 두 달이 넘게 있었지만 지루하거나 심심한 날이 없었다. 감사할 뿐이다.

겨울철새 될까,
나그네새 될까

찬 바람이 불면 들썩이는 역마살

몽골에 온 지 어느덧 두 달 반이 지났다. 흡스굴 호수에 다녀와서 목감기가 걸렸다. 콧물도 훌쩍거린다. 금년 들어 아픈 건 처음이다. 다행히 심하지는 않아 약 먹고 평소처럼 싸돌아다녔다. 사우나에 가서 땀도 흠뻑 빼주었다.

어느새 가을이 가까이 왔다. 몽골은 가을이 빠르게 온다. 울란바토르 낮 기온이 12도다. 밤에는 5~7도로 내려간다. 그리고 가을은 짧고 바로 겨울로 접어든다.

난 이런 날씨에 몹시 취약하다. 가을을 탄다. 가을 멀미를 앓는다. 찬 바람이 불면 가수 김정호의 〈날이 갈수록〉이 저절로 떠오른다. 그는 나랑 용띠 동갑이다. 서른셋의 나이에 요절(夭折)했다. 좋아했다.

○ 몽골 가을 풍경 1

가을잎 찬 바람에 흩어져 날리면

캠퍼스 잔디 위엔 또다시 황금물결

잊을 수 없는 얼굴 얼굴 얼굴 얼굴들

우우우우 꽃이 지네 우우우우 가을이 가네

하늘엔 조각구름 무정한 세월이여

꽃잎이 떨어지니 젊음도 곧 가겠지

머물 수 없는 시절 우리들의 시절

우우우우 세월이 가네 우우우우 젊음도 가네

대학교 4학년 마지막 졸업 시험을 마치고 걸어 나오는데 교내

○ 몽골 가을 풍경 2

스피커에서 이 노래가 흘러나왔다. 광장의 누런 잔디는 바람 따라 흔들리고 있었다. 내 마음을 그림으로 그려놓은 것 같은 캠퍼스 풍경이었다. 4년 내내 계엄령, 휴교령, 데모, 막걸리, 연애 등으로 보냈다. 수업 따위는 제대로 받은 적이 없다. 강의실 대신 대학신문사 지하 골방에서 죽 때리며 시간을 죽였다. 암울했지만 그래도 젊었다. 졸업하자마자 머리 밀고 군인이 되었다. 방황, 반항, 낭만, 사랑 따위는 폐기해야 했다.

매년 가을 찬 바람이 불면 몸과 마음은 어김 없이 멀미를 한다. 게다가 한냉성 비염은 오랜 친구다. 치료약은 딱 한 가지다. 어디로든 따뜻한 나라를 찾아 떠나는 것뿐이다.

○ 몽골 가을 풍경 3

새로운 여행이 시작되는 순간

어제는 〈노매드랜드〉와 〈비포 썬라이즈〉 그리고 〈무기여 잘 있거라〉를 밤새워 다시 봤다. 나이만 먹었지 철이 덜 들었다. 아직 죽을 때가 된 건 아닌 것 같고 떠날 때가 된 것 같다. (멋진 사진 세 장은 울란바토르 선진그랜드호텔 한식 레스토랑 이석제 사장님의 따님이 찍은 몽골의 가을 풍경이다.)

무비자 기간 3개월도 며칠 남지 않았다. 더운 것도 싫지만 추운건 더 싫다. 그래서 겨울이 가까워 오기 전에 어디로 갈 건지를 생각해보았다.

겨울철새가 될 것인가? 나그네새가 될 것인가? 결정해야 한다. 겨울철새는 가을에 우리나라로 찾아와 추운 겨울을 나고 봄이 되면 다시 떠나는 새다. 기러기, 오리, 개똥지빠귀 등이다. 반대인 여름 철새는 제비, 두견새, 뻐꾸기 등이 있다. 한국으로 가서 머물다가 겨울을 나고 내년 봄에 출국한다면 겨울철새가 되는 셈이다.

나그네새는 우리나라보다 훨씬 북쪽에서 번식한다. 겨울에는 우리나라보다 훨씬 남쪽으로 날아가서 산다. 그러니까 자연히 가을과 봄에 우리나라를 통과하게 된다. 물떼새, 울새, 도요새 등이 있다. 만약 몽골에서 한국을 거쳐서 바로 따뜻한 남쪽 나라로 간다면 나그네새가 되는 셈이다. 합리적으로 따지면 겨울철새가 되어야 한다. 병원 검진과 처방약도 받아야 한다.

나는 생각은 합리적으로 한다. 그런데 결정은 감성적으로 해버리는 경우가 종종 있다. 한국에 가서 최소한 두 달이라도 있는 게 맞다는 걸 잘 안다. 그런데 한국에 가서 있기가 싫다. 바로 동남아시아 국가로 가고 싶은 맘이 강하다.

나이 들어서도 계획성 없이 철부지처럼 여행하는 내가 한심하다. 안타깝게도 스타일이 그렇게 생겨 먹었다. 나쁜 버릇인 줄 알지만 고치기도 힘들다. 걱정은 하지 않는다. 열흘쯤 뒤에는 한국이든 일본이든 동남아든 어딘가에는 가 있을 건 분명하니까. 여행 바보, 결정 장애, 우뇌 우세, 좌뇌 열세, 베가본드, 자유 영혼, 무계획 유랑, 역마살 등등의 단어가 휙휙 스쳐 지나간다.

어디로 가야 할까 망설이는 순간이 바로 또 다른 새로운 여행이 시작되는 순간이 아닐까? 결국 나는 귀국한 뒤 곧장 동남아로 날아가 겨울철 넉 달을 라오스, 태국, 베트남에서 보내고 돌아왔다.

나장배가 집으로
돌아가는 법

40만 원 버는데 이 정도 고생쯤이야

몽골에서 비자 기간 3개월을 꽉 채우고 집으로 돌아갈 시간이 되었다. 인천공항 가는 항공권을 검색하니 미친 가격이다. 편도 요금이 60만 원 정도다. 비행 시간이 비슷하게 걸리는 동남아 국가들보다 2~3배가 비싸다. 호갱님이 되긴 싫었다.

나장배(나 홀로 장기 배낭여행자)에게 가장 중요한 일은 싼 항공권을 찾는 것이다. 폭풍 검색을 하다 보니 대구행 199,900원짜리 좌석이 떴다. 빛의 속도로 질러버렸다.

"모로 가도 서울만 가면 된다"고 조상님도 말씀하셨다. 기체가 귀엽게 작은 저가 항공사다. 기상 요란 때는 신나게 흔들려 주신다. 상황에 따라 놀이공원 기분을 낼 수도 있다. 밤 2시 출발 새벽 6시 도착이다.

기내식은커녕 물 한 잔도 안 준다. 대구에서 내려 다시 기차를 타고 서울로 가야 한다. 그래도 이 몸땡이 하나 고생하면 40만 원을 벌 수 있다.

흐흐~ 백수가 돈을 버는 건 이런 방법밖에는 없다. 만족이다. 내가 아는 엄청 부자인 사장님이 한 말이 떠오른다. "나는 누가 돈 만 원 받으러 오라고 하면 오밤중에 십리 길도 마다하지 않고 달려갔었다." 이러다가 나도 부자 되는 거 아닐까?

몽롱하면서도 뿌듯한 시간

대구에는 여친(여행 친구의 줄임말, 여자친구 아님)이 살고 있다. 1년 4개월 만에 여친을 만날 수가 있겠구나, 기대에 부푼 귀국 길이다. 여친이 새벽에 차를 가지고 대구 공항에 픽업을 나왔다. 얼싸안고 감격의 해후를 했다. 시내로 가서 해장국을 먹고 자리를 옮겨 커피 마시며 수다를 풀었다. 동대구역까지 태워다 주고 대합실까지 따라와 배웅을 해주었다. 여전히 변함없이 착한 여친이다.

KTX 요금도 노땅이라고 30%를 할인해준다. 4만 2천 원인데 3만 원으로 깎아준다. 이런 거 좋아라 해서 요즘 머리가 부쩍 빠지는 건 아닐까 하는 생각이 들기도 한다.

호갱님이 되기 싫고 여친도 만나고 싶어서 무리했다. 집에 와서 한 이틀은 몽롱하게 지냈다. 쉽게 말하자면 몸뚱이가 뒤지게 피곤했다는 거다. 그래도 기분 좋고 뿌듯한 헤롱헤롱의 시간이었다.

90일간의 느린 여행, 큰 소득

느리게 느리게 몽골에 스며들다

2023년 6월 7일 몽골로 떠났다. 몽골은 한시적으로 비자 없이 3 개월간 머물 수 있다. 허용된 석 달을 꽉 채워서 몽골을 누볐다. 내 나이 7만 살의 여름을 낯설고 거친 땅에서 보냈다. 느리게 느리게 라르고(Largo) 여행을 했다. 대부분 패키지나 팀을 만들어서 오는 여 행지에서 혼자라서 조금은 뻘쭘하고 외로운 순간도 있었다. 하지만 오염되지 않은 자연과 사람들은 나를 힘나게 했고 기쁘게 했고 충 만감을 안겨주었다.

나이는 숫자에 불과하다는 걸 몽골에서 체험으로 확인했다. 도 로 사정이 좋지 않은 몽골의 오프로드와 너덜너덜한 포장길을 총 5,000여km나 차로 달렸다. 내 허리는 까딱없이 잘 버텨주었다.

그전에는 울타리 안에서 또깍또깍 조심스럽게 말을 탔었다. 몽 골에서 처음으로 말을 타고 초원을 가로지르며 달려봤다. 따그락 딱딱 박차를 가하며 언덕을 오르고 숲을 지나서 달리게 되었다. 거친 숨을 내뿜는 말과 교감하며 물살이 거센 강을 건너고 진흙탕 길을 헤치고 나아갔다. 재미나게 산다는 게 어떤 건지를 실감했다. 생식과 사냥의 임무가 해제된 남자의 무너진 자존감이 되살아났다.

환경과 인프라가 열악한 몽골에서 고단하고 힘든 순간을 이겨낼 때마다 "내 나이가 어때서?"라고 속으로 외쳤다. 자심감의 회복이 큰 소득이다.

또 하나의 소득은 현지 교민들의 생활상을 속속들이 알게 된 것이다. 외국에서의 삶이 녹록치 않음을 보고 들으면서 그들을 이해하게 되었다. 용기 있는 사람들에게 물개 박수를 보냈다. 현지인 친구도 몇 명 생겼다. 그들을 통해서 많이 배우고 성장했다. 인간이 성장하는 동안은 늙지 않는다. 몸과 마음이 프레시해졌다.

여행은 길 위의 도서관이다. 걸으면서 하는 독서다. 다양한 사람들과 만나고 새로운 환경과 문화를 접하면서 시야가 넓어진다. 다름을 이해하고 인정하고 존중하게 되었다.

고비는 첫 사랑 연인 같았다

빠르게 한국을 닮아가고 있는 울란바토르, 몽골의 다양한 풍경을 골고루 모아놓은 듯한 테를지, 사람을 빠져들게 하는 묘한 매력을 가진 곡선이 아름다운 고비사막, 초록초록한 숲과 초원과 가축 떼를 지나서 가는 쳉헤르 온천, 칭기즈칸 전성기 수도였던 카라코룸, 어머니의 바다라고 불리는 흡스굴 호수, 그랜드캐니언을 닮은 차강소브라가, 공룡계곡, 얼음계곡, 미니고비사막과 낙타 등등 지금도 눈에 선하다.

밤하늘의 별들은 왜 그리도 총총하고 많은지. 게르의 장작 난로 곁에서 불멍 때리던 시간은 왜 그리도 행복감을 주는지 신기하기까지 하다.

그중에서도 고비사막은 나의 비너스였다. 사막이 예쁘다는 게 말이나 되냐구. 많은 여행을 하면서 사하라사막, 와카치나사막, 나미브사막도 가봤다. 다른 사막에서는 트레킹과 다양한 액티비티, 인생샷 찍기에 열심이었다. 장엄하다거나 엄청나다거나 재미있다는 생각은 들었지만 예쁘다는 생각은 못했었다.

그런데 고비는 달랐다. 사막멍에 빠지게 할 만큼 고요한 분위기에 사람을 빨아들이는 은근한 매력이 있었다. 맨발로 모래 능선을 타고 올라가다 자주 발을 멈췄다. 발자국에 패인 작은 구덩이가 바람이 불어와 메워지는 사르르 사르르 소리가 너무 좋았다. 마치 연인이 나란히 앉아 불러주는 허밍 같았다. 그 소리가 너무 좋아서 귀 기울이며 들었다.

처음 마주했을 때 어째서 먼저 세상을 떠난 첫사랑 여인의 모습이 떠올랐는지 모르겠다. 올려다보는 순간 숨이 헉 하고 막혔다. 그래서 책 제목을 '고비는 예뻤다'로 뽑아버리고 말았다.

나의 여행은 계속될 것이다

대부분의 사람이 여행을 가면 촉박한 일정으로 바쁘고 빡세게 다닌다. 어쩌다 모처럼 외국 여행 한번 가려면 아무래도 돈과 시간이 많이 들기 때문에 온 김에 최대한 많이 즐기자는 생각일 것이다. 하지만 돌아가서는 아쉬워한다. 아! 거기 너무 좋았는데 며칠만 더 있었으면 좋았을 텐데 하고 아쉬워한다.

나도 예전엔 노가다 뛰듯이 바쁘게 다녔었다. 이젠 그런 여행을 가급적 하지 않기로 했다. 한 나라에서 최소 한 달 이상 살아보는 여행을 하기로 했다. 느릿느릿 쉬엄쉬엄 걸어서 가는 라르고(Largo) 여행으로 바꾸기로 했다. 그 첫 번째 시작이 몽골이다. 3개월 동안 몽골 구석구석을 여행했다.

몽골에 오기 전에 570일간 두 번째 세계일주를 했었다. 그중에 260일은 아프리카 여행을 했다. 몽골에 있는 동안 틈틈이 아프리카 여행 경험을 정리했다. 한국에 오자마자 《아프리카 이리 재미날 줄이야》란 책을 출간했다. 천천히 여행했기에 320쪽가량의 책을 쓸 수 있었다.

어느 나라건 처음에는 낯설지만 일주일 정도 지나면 조금씩 익숙해진다. 천천히 현지인들의 삶 속으로 들어가게 된다. 한 달 정도 지나면 풍경과 사람들이 어느 정도 익숙해진다. 여행자라는 엄연한 현실을 망각하는 경우가 자주 생긴다. 그런데 몽골은 이상하다. 몽골의 풍경은 처음부터 친숙한 느낌이었다. 금방 편하고 익숙해졌다. 마치 옛날 시골 외갓집에 나이 들어 찾아온 느낌 같았다.

세상에 낯선 땅은 없다. 내가 낯설어할 뿐이다. 그들에게는 내가 낯선 이방인이다. 여행이란 게 별거 아니다. 그냥 떠나는 거다. 살아 보는 거다. 그리고 익숙해지는거다. 돌아오는 거다. 참 쉽다 생각하고 천천히 몽골을 즐겼다.

"바보는 방황하고, 현명한 자는 여행을 한다."

- 토마스 풀러

여행을 떠날 때는 전날 알람을 맞추어놓는다. 그러나 늘 먼저 눈이 떠진다. 설렘 때문이다. 낯선 미지의 땅으로 떠날 때는 떨림과 함께 두려움을 느낀다. 첫 데이트에 나갈 때처럼 두근두근하다.

가끔씩 내가 얼마나 더 오래 여행하며 노마드 인생을 살 수 있을까를 생각해본다. 답은 누구도 알 수 없다. 진짜 인생은 내 두 다리로 걸을 수 있을 때까지다. 이젠 조금씩 다리가 떨리지만 천천히 힐링한다는 마음으로 가는 데까지 가보는 거다. 여행은 기록 경기도 아니고 승부 경기도 아니다. 내 스타일대로 나만의 보폭과 속도를 유지하며 만족하면 그만이다. 나는 멈추지 않을 것이다. 가슴에 설렘이 사라지지 않을 때까지 나의 여행은 계속될 거라 믿는다.

10년 후 20년 후에도 나는 경로당이 아니라 길 위를 걷고 있을 것이다. 편안한 내 집의 안방 구석이 아니라 낡은 게스트하우스의 좁은 방에 누워서 다음은 어디로 갈까 하고 머리를 굴리는 인생을 살 것이다. 몽골에서 나의 결심을 굳혔다. 죽을 때까지 절대로 나의 여행은 멈추지 않을 것이라고 다짐했다.

부록

알고 가면 여행이 더 즐거워지는 몽골 상식

비자

몽골은 한시적 무비자 국가다. 2022년 6월 1일부터 2024년 12월 31일까지 한국인은 관광 목적으로 입국할 경우 비자 신청 없이 90일간 몽골에 체류할 수 있다. 2023년부터 2025년까지 몽골 방문의 해로 정하고 항공 노선 확대와 각종 우대 정책을 펴며 관광객 유치에 총력을 쏟고 있다. 주타깃 국가를 지리적으로 밀접한 일본, 중국, 한국, 러시아로 선정하고 각종 우대 정책을 집중하고 있다.

과거에는 러시아와 중국이 압도적으로 많았다. 2023년도에는 한국이 러시아 다음으로 많은 방문자수를 기록했다. 1위 러시아 23만 명, 2위 한국 14만 3천 명, 3위 중국 13만 6천 명, 4위 카자흐스탄, 5위 일본, 6위 미국…. 이미지는 한국에 대해서 가장 좋고 매우 호의적이다. 러시아도 괜찮은 편이다. 중국에 대해서는 상당히 안 좋은 편이다.

항공편, 항공권 가격

대한항공, 아시아나, 티웨이항공, 제주항공, 몽골항공(MIAT, Mongolian Airlines) 등이 대표적이다. 직항이라 요금은 비싸지만 소요시간이 3시간 40분 정도로 짧아 편리하다. 중국국제항공(중국 경유) 등 경유편 항공은 직항편보다 가격이 절반 정도로 싸지만 소요시간이 너무 많이 걸리는 단점이 있다.

성수기에는 운항 편수가 늘어난다. 2024년 2월 22일 한-몽골 간 항공회담 결과 부산, 대구, 무안, 청주 등 지방 공항에서 출발하는 항공기 운항 횟수가 증대되었다. 극성수기인 7월 항공권 가격은 왕복 100만 원을 넘는 비싼 수준이다. 거리와 소요 시간이 비슷하거나 더 멀고 오래 걸리는 동남아 국가들과 비교하면 후덜덜이다. 물론 비시즌에는 항공권 가격이 절반 이하로 내려가기는 한다.

열심히 검색하다 보면 어쩌다 진짜 싼 항공권을 득템할 수도 있다. 예를 들어 2024년 5월 1일 에어로케이항공이 청주-울란바토르 구간을 취항하면서 깜짝 특가를 투척했다. 믿거나 말거나 왕복 20만 원이었다.

세부적인 여행 계획은 나중에 세우더라도 여행 시기를 일찍 결정하고 조기 예매하는 게 현명하다. 열심히 검색하면 부산, 대구 등 지방에서 출발하거나 도착하는 항공기 좌석이 싸게 나오는 경우도 있다. 하지만 극히 드물다.

국제공항

몽골에는 국제공항이 딱 하나뿐이다. 울란바토르의 칭기즈칸 공항이다. 일본이 지어줬다. 울란바토르 시내에서 56km 떨어져 있다. 시내까지는 1시간 30분 정도 걸린다. 시내 입구에서부터 교통체증이 심해서 실제로는 시간이 더 걸린다.

시차, 지리

한국보다 1시간이 늦다. 몽골에 도착하면 마이너스 1시간 해서 맞추면 된다. 서울에서 울란바토르는 약 2,000km 떨어져 있다. 정확히는 1,994km. 참고로 서울에서 2,000km 거리인 도시는 마닐라, 하노이, 광저우 등이다. 방콕은 3,720km다.

몽골의 면적은 156만 4,116㎢로 한반도 면적의 7.4배이고 남한의 15배이다. 동서 길이는 2,394km이며 남북의 길이는 1,259km이다. 지구상에서 19번째로 큰 나라다. 평균 고도는 약 1,600m로 고원국가다. 울란바토르의 고도는 1,350m로 분지형 도시다. 몽골의 전체 지형은 서쪽이 높고 동쪽이 낮은 형태다. 가축을 방목하기 적합한 지형이다.

언어

몽골어를 사용한다. 몽골어는 한국어의 어순과 같고 문법이 비슷해서 읽고 말하기를 배우는 건 비교적 쉽다. 다만 몽골 문자는 러시아의 키릴 문자와 함께 사용돼서 읽기가 어렵다.

영어를 구사하는 사람은 많지 않다. 대신 한국어를 구사하는 사람이 많으니 의사소통을 걱정할 필요가 없다. 취업, 유학, 결혼 등으로 한국과 왕래가 빈번하기 때문이다. 연평균 5만 명 정도가 한국에 체류하는 것으로 추산된다. 누적하면 엄청나게 많은 숫자다. 한 가정에 한 명 이상이 한국에 가 있거나 다녀온 경험이 있는 셈이다.

인구, 종교

인구는 약 350만 명이다(2023년 기준). 인구의 절반 정도가 수도인 울란바토르에 몰려 살고 있어 교통체증과 매연 등이 사회문제가 되고 있다. 지방은 인구가 점점 줄고 있다.

평균 수명은 70세로 남자 65세, 여자 75세다. 10여 년 전만 해도 55~60세 정도였는데 의료와 생활수준 향상으로 많이 늘어났다. 채소를 거의 먹지 않는 육식과 석탄 사용으로 인한 심각한 스모그로 평균 수명이 낮고 영아 사망률도 높다. 몽골의 중위 나이는 30세로 젊은 편이다. 참고로 한국은 43.4세이다(2021년 6월 기준).

종교는 라마불교 53%, 무교 39%, 이슬람교 3%이다. 한국인 선교사들이 많이 진출하여 도시 지역에 점차 기독교인이 늘고 있다.

몽골과 몽고

몽골을 몽고라고 잘못 부르는 사람이 많다. 몽골은 용맹한 몽골족이 세운 나라라는 뜻이다. 반면에 몽고는 무지몽매할 '몽' 자에다 옛 '고' 자를 써서 '변방의 오랑캐'라고 비하하는 뜻을 갖는다. 잘 모르고 몽고라고 했다가는 눈총을 받는다.

역사

1206년 칭기즈칸이 각 부족을 통합하여 몽골제국을 건설했다.

아시아는 물론 유럽까지 진출하여 대제국을 건설했다. 몽골인들은 칭기즈칸의 후예라는 자부심이 대단하다.

14세기 말에 명나라에 의해 멸망했다. 17세기에 들어서 청나라의 강희제는 몽골에 대한 두려움 때문에 잔재 세력을 견제하기 위해 내몽골과 외몽골로 분리시켰다. 1911년 중국에서 신해혁명이 일어나서 청나라가 혼란해지자 그 틈을 이용해 외몽골이 1차 혁명을 일으켜 자치를 인정받았다. 1920년 중국 국민당이 자치를 철폐시켰다. 1921년에 담딘 수흐바타르가 혁명군을 조직하여 2차 혁명투쟁에 성공하여 독립을 이루었다. 몽골에서 수흐바타르는 독립 영웅으로 칭기즈칸만큼 추앙받는다. 울란바토르의 가장 중심지에 수흐바타르 광장과 동상이 있다.

외몽골은 1924년에 중국으로부터 독립해 몽골인민공화국을 탄생시켰다. 그러나 내몽골은 여전히 중국 영토로 남아 있다. 이런 역사적 배경 때문에 중국에 대한 감정이 좋지 않아 중소 국경 분쟁 시 소련을 지원하였다. 1990년 한국과 몽골은 공식적인 외교관계를 수립했고 비약적인 관계 발전을 이룩했다.

마두금

몽골의 전통 악기다. 두 줄로 된 현악기인데 윗부분에 달린 장식이 말머리처럼 생겼다고 해서 '마두금'이라고 한다. 유네스코가 선정한 인류 구전 및 문화유산 걸작 중의 하나다. 우리나라 해금과 유사하다. 몽골의 마두금과 한국의 해금은 구슬픈 소리가 나는 것이 공통점이다.

몽골의 마두금이 유명하긴 하지만 연주를 접하기는 쉽지 않다. 한국을 소개할 때마다 국악이 빠지지 않지만 실제로 접할 기회는 많지 않은 것과 비슷하다. 관광객 대상으로 유료로 공연하는 곳을 찾아가야 한다.

화폐, 환전

화폐 단위는 투그릭이다. 1달러에 3,376투그릭이다. 한국 원화와 투그릭은 1대 2.44다. 원래는 1대 1이었는데 지금은 투그릭 가치가 두 배 이상 하락했다(2024년 4월 기준). 투그릭의 가치 하락 때문에 규모가 큰 사업이나 임대 계약을 할 때 달러로 요구하는 경우가 늘고 있다.

달러나 한국 돈을 가져가서 몽골 투그릭으로 환전하면 된다. 울란바토르 국영백화점에 환전소가 있다. 호텔이나 백화점, 식당 등 신용카드를 사용할 수 있는 곳이 많으므로 투그릭은 소액만 환전하면 된다. 시골에서는 신용카드 사용이 안 되는 곳이 많다. 대부분 투어를 이용하므로 투그릭을 사용할 일은 별로 없다.

물가, 로컬 대형마트

대형마트 기준 유명 브랜드 상품의 경우 한국 대비 70% 정도 수준이다. 일반 가게의 물가는 약간 저렴하다. 육류는 싸고 공산품은 비싼 게 특징이다. 공산품을 대부분 수입하기 때문이다.

관광객 물가는 다른 아시아 국가보다 비싼 편이다. 그러나 한국 담배는 세금 차이로 1,500원 정도밖에 안 한다. 몽골의 물가는 여름

한철 벌어서 1년 먹고 사는 해수욕장 장사를 생각하면 딱 맞다. 시즌에만 사람들이 몰려온다. 그래서 이때는 항공권, 호텔, 투어 비용 등 모든 물가가 비싸진다.

여행 목적지로 이동할 때 울란바토르 시내를 벗어나면 반드시 몽골 현지인들이 이용하는 대형마트에 간다. 필요한 물품을 구입하고 식사를 하거나 화장실에 들르기도 한다. 웬만한 한국 식품은 다 있다. 하지만 작은 시골 마을 가게에는 상품이 빈약하다. 물이나 몽골 빵과 과자 그리고 아이스크림 정도 살 수 있다.

전압, 보조 배터리, 멀티탭

220볼트로 한국과 같다. 한국 가전제품을 가져가서 아무 불편함 없이 사용할 수 있다.

전력은 대부분 화력발전에 의존한다. 러시아, 중국에 인접해 있어 부족할 경우 전기를 수입하는 데 어려움이 없어서 도시나 관광지는 전력이 부족하지 않다. 도시에서도 낡은 배전 시설 문제로 가끔씩 정전이 되기는 하지만 빠른 시간 내에 복구된다. 워낙 땅이 넓고 지방 인구가 적어서 송배전 시설을 하는 데 제한 사항이 많다.

전기가 들어오지 않는 오지의 유목민 게르에서는 자체 발전기나 태양열판을 이용해 저녁과 새벽에 2시간 정도씩 전기를 공급한다. 텔레비전은 위성 안테나를 이용해서 시청한다.

사막 같은 곳에서 배터리가 빨리 소모된다. 충전을 할 수 있는 곳도 별로 없다. 사진을 많이 찍게 되므로 출발 전에 보조 배터리를 꼭 챙겨가야 한다. 보통 게르나 식당에서는 전기 콘센트가 한 개 정도밖에 없다. 멀티탭을 준비하면 일행이 동시에 사용할 수 있다.

인터넷, 유심

도시나 마을에서는 인터넷이 잘 터진다. 숙소나 식당은 와이파이도 잘된다. 그러나 인가가 없는 초원이나 산악 지역에서는 먹통이 된다.

유심은 보통 울란바토르에 도착하면 공항에서 구입하는데 시내보다 약간 비싸다. 시내에 있는 통신사 부스에서 구입하는 게 좋다. 유니텔, 모비콤, 지모바일, 스카이텔 등 4개 통신사가 있다. 울란바토르에서는 시내 곳곳에 각 통신사 사무실이 있다. 이마트에 있는 통신사 부스가 가장 찾기 쉽다. 유심칩 가격은 8달러 정도다. 데이터는 일주일, 보름, 한 달짜리가 있다.

상하수도, 식수

도시 지역은 어려움이 없다. 오지에는 상하수도 시설이 안 되어 있다. 자연 친화적으로 적응해야 한다. 오지의 게르촌에는 물을 차로 실어와서 공급하지만 대부분 제한 급수를 한다.

생수를 사서 마시거나 끓여서 마셔야 한다. 하천이나 호수의 물이 맑다고 마시면 절대로 안 된다. 관광객 상대 음식점은 비교적 안전하지만 길거리 음식은 식중독 등에 주의해야 한다.

쓰레기 처리

도시에서도 분리수거 개념이 아예 없다. 쓰레기통에 음식물 찌

꺼기도 함께 버려서 악취가 심하다. 캔, 병, 플라스틱 통 등 돈이 되는 재활용품은 가난한 사람들이 뒤져서 챙겨간다. 길거리를 가다 보면 쓰레기 더미에서 재활용품을 찾는 모습을 자주 보게 된다. 유목민들은 쓰레기를 주로 소각 처리한다.

외모, 패션, 여성 파워

울란바토르와 지방은 하늘과 땅 차이다. 울란바토르 거리에는 배꼽티, 숏팬츠, 노랑머리, 크롭티 같은 유행을 앞서가는 젊은 여성들이 활보한다. 액세서리나 타투 등도 대담하다. 젊은 남자들의 패션은 한국이랑 비슷하다. 하지만 지방 도시는 남녀 할 것 없이 대부분 전통 복장과 머리 모양을 하고 다닌다.

몽골에서 3월 8일은 여성의 날로 공휴일이다. 여성이 왕비가 되는 날이다. 전통적으로 모계사회인 데다가 최근 들어 여권이 크게 향상되면서 더욱 강해졌다. "여자는 약하지만 어머니는 강하다"라고 강한 이유를 합리화한다. 불금이 되면 울란바토르 서울의 거리에 있는 여성 전용 스트립바가 여성 손님들로 가득 찰 정도로 개방적이고 파워가 대단하다.

치안

다른 나라에 비해 치안 상태는 양호하다. 그러나 관광객을 대상으로 한 소매치기가 늘어나고 있다. 시장, 백화점, 버스, 관광지 등에서 주로 발생한다. 특히 현금을 많이 소지하고 다니는 한국인을 전문적으로 노리는 3인조 소매치기단을 주의해야 한다. 절도나 강

도도 늘어나고 있어 방심은 금물이다. 어느 나라나 마찬가지지만 안전수칙을 잘 지키면 별문제 없다.

마사지

제법 빡센 여행을 한 후에는 마사지를 받으며 피로를 풀고 싶어진다. 그러나 몽골은 동남아 국가에 비해 마사지 가격이나 퀄리티가 별로다. 잘한다고 소문난 마사지 숍이 몇 군데 있지만 한국 관광객들이 단체로 찾기 때문에 개인은 예약하지 않으면 차례가 돌아오지 않는다. 참고로 몽골에는 팁 문화가 없다. 고급 호텔이나 식당 등에는 서비스 요금이 포함되어 있다. 만족한 경우 팁을 준다면 1-2달러 정도면 무난하다.

캐시미어 제품

몽골의 울과 캐시미어 제품은 가격 대비 품질이 좋다고 소문이 나서 선물용으로 많이 구입한다. 울은 양털이고 캐시미어는 염소털(산양)로 가공한 것이다. 패키지 상품으로 여행 올 경우에는 가이드가 대개 울란바트로 외곽에 있는 캐시미어 가게로 데려간다. 주차장이 널찍하고 창고형으로 규모가 몹시 크고 쇼윈도도 잘 꾸며져 있다. 하지만 물건의 질은 시내 가게만 못하다.

수흐바타르 광장 옆에 있는 고급 캐시미어 가게들에 들어가보자. 제품의 질이 높고 일반 상점보다 가격도 상대적으로 비싼 편이다. 그래도 한국에 비하면 싸다. 나는 한국에서 관광 온 지인을 따라서 구경 갔다가 울로 짠 털모자를 하나 구입했다. 가격은 개중 저렴한 편이었는데 품질이 좋아 아주 만족스러웠다.

인기 선물

양모로 만든 펠트 슬리퍼, 바위소금(바다가 없는 몽골의 암염), 에덴이나 골든 고비 등의 보드카, 게르 모양 박스에 든 고비 초콜릿, 고비 캐시미어 제품, 작은 가죽 지갑, 마그넷, 바양작에서 파는 봉제 낙타 인형, 낙타 키링, 꿀, 잣, 울양말 등이 인기가 많다.

간단한 인사

간단한 단어나 문구를 알고 가면 여행이 더 재미있어진다.

- 안녕하세요 – 사이배노(센베노)
- 감사합니다 – 바야를라
- 미안합니다 – 오치라래
- 네 – 팀
- 아니요 – 우구이
- 잘가요 – 바야르태
- 좋다 – 사잉
- 나쁘다 – 모오
- 사랑해 – 하이르테 슈
- 좋아해 – 도르태